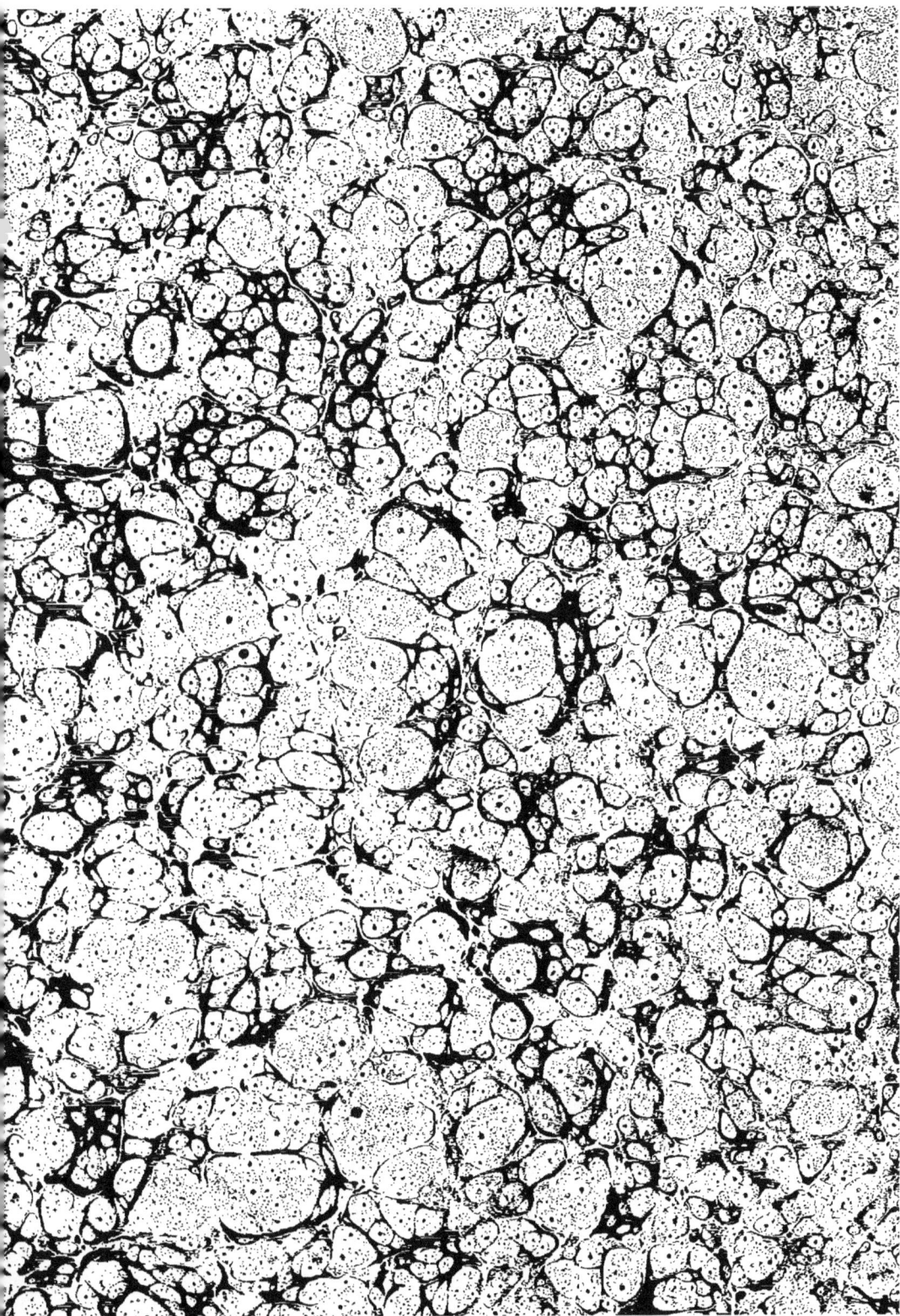

FÊTES

A L'OCCASION DU MARIAGE

DE

S. M. NAPOLÉON.

De l'Imprimerie de CHAIGNIEAU aîné, rue de la Monnaie, n° 11.

NAPOLÉON EMP. ET ROI.

M.ᵉ LOUISE D'AUTRICHE

1810.

Andrieux ferit

Galle fecit

Marmand fils sculp.

Pl. II.

FÊTES

A L'OCCASION DU MARIAGE

DE

S. M. NAPOLÉON,

EMPEREUR DES FRANÇAIS, ROI D'ITALIE,

AVEC

MARIE-LOUISE,

ARCHIDUCHESSE D'AUTRICHE;

RECUEIL de Gravures au trait, représentant les principales Décorations d'architecture et de peinture, et les Illuminations les plus remarquables auxquelles ce mariage a donné lieu.

AVEC une Description par M. GOULET, Architecte, Membre de plusieurs Sociétés des Arts, et Adjoint-Maire du 6e arrondissement de Paris.

A PARIS,

Chez L. CH. SOYER, Libraire-Editeur, rue du Doyenné, n° 2.

1810.

FÊTES

A L'OCCASION DU MARIAGE

DE

S. M. NAPOLÉON.

N APOLÉON-LE-GRAND, Empereur des Français, Roi d'Italie, Protecteur de la Confédération du Rhin, Médiateur de la Suisse, a épousé Marie-Louise, archiduchesse d'Autriche, le 1er avril 1810, et ces augustes souverains ont fait le lendemain leur entrée dans Paris.

Cet événement inattendu, dont l'intérêt s'est fait sentir sur la plus belle moitié du globe, et qui est à-la-fois le précurseur et le garant de la paix, par l'alliance de deux grands peuples trop long-temps divisés, a été célébré par les Français de toutes les classes avec un enthousiasme dont on n'avait point encore eu d'exemple. Les orateurs, les poètes, les artistes en tout genre, ont, dans cette occasion, rivalisé de zèle, de génie et de talent.

Indépendamment des odes, des poëmes, des pièces de théâtre, des concerts et des chansons dont l'air a retenti pendant toute la durée de ce beau jour, des médailles d'or et d'argent (1) ont été frappées et

---

(1) Les médailles représentent, sur un côté, la tête de l'Empereur et celle de l'Impératrice réunies ; sur l'autre, les deux

répandues avec profusion, des temples, des arcs triom-
phaux, ont été élevés comme par magie, et ont couvert en un instant le sol de la capitale, et notamment
dans les endroits où passait le cortège; enfin, des in-
scriptions, des allégories, des trophées, ont orné d'une
manière ingénieuse le frontispice de tous ces monumens.

L'acte civil du mariage de LL. MM. avait été signé
à Saint-Cloud, le 1er avril; le 2, au lever du soleil,
toute la route, depuis Saint-Cloud jusqu'à Paris, était
sablée, couverte de monde, et bordée de deux rangs
de soldats sous les armes.

Le bruit du canon ayant annoncé le départ de
LL. MM. de Saint-Cloud; les autorités administra-
tives de Paris se sont rendues sous le grand arc de
triomphe élevé par la ville à l'étoile des Champs-
Elysées, pour y attendre et recevoir LL. MM.

Ce monument (pl. 1.), qui doit être exécuté en pierre,
et dont les piédroits sont déjà élevés de vingt pieds
sur de profondes fondations, a été figuré en char-
pente et en toile d'après les dessins de M. Chalgrin,
architecte, avec une rapidité étonnante, et telle que
l'exigeait la circonstance.

Sa masse totale a 138 pieds de largeur sur 133
d'élévation, et 68 d'épaisseur. Elle est ouverte d'une
seule arcade, au milieu, de 45 pieds de largeur
sur 87 de hauteur sous la clef. Cette masse doit être,

époux, sous le costume antique, se jurant une foi mutuelle à
l'autel de l'Hyménée. Ce monument, précieux pour l'histoire de
notre temps, est sorti du burin de M. Andrieu. *Voyez* la planche
servant de frontispice, et la pl. 8 où ces médailles sont gravées
dans leur dimension.

dans l'exécution, percée sur son épaisseur par un passage aboutissant aux deux faces latérales ; mais ce passage était , pour l'ordre de la fête, rempli par des tribunes destinées, savoir : celle à droite en entrant, côté de l'Empereur, pour les autorités ; et celle à gauche, côté de l'Impératrice, pour les dames.

Les quatre faces extérieures du monument sont décorées de huit trophées en relief, élevés sur un piédestal continu ; d'une corniche servant d'imposte au grand arc, et de six bas-reliefs au-dessus, dont l'explication est ci-après.

Dans les tympans de l'archivolte sont aussi sculptées en bas-relief les figures allégoriques de la Force et de la Prudence.

Le tout est couronné d'une grande corniche régnant tout au pourtour, surmontée d'un attique, sur lequel on lit cette inscription :

A NAPOLÉON ET A MARIE-LOUISE,

LA VILLE DE PARIS.

Sous la voûte du grand arc, à sa naissance, sont deux grands bas-reliefs allégoriques, représentant la prospérité de l'empire. Les autres parties de cette voûte sont ornées de caissons et de frises enrichis d'ornemens.

Ces huit bas-reliefs ont été composés et peints par M. Laffitte, qui a joint aux talens qu'on lui connaît, et dont il a fait preuve dans ces compositions et dans beaucoup d'autres ouvrages, une facilité et une célérité étonnantes. C'est d'après ses propres notes que nous allons donner l'explication de ces diverses compositions.

Face du côté de Paris. (Gauche du spectateur.)
Pl. 2, n° 1.

LA LÉGISLATION.

L'Empereur, placé sur son trône, et entouré des attributs de la justice, indique au peuple les tables où sont inscrits le Code civil et le Code criminel. En reconnaissance de ce bienfait, qui assure le bonheur et la tranquillité aux générations présentes et futures, une foule de citoyens se prosternent devant le héros législateur. L'innocence, assurée désormais de la protection des lois, se livre paisiblement au sommeil au pied du trône de S. M.

La longueur de ce bas-relief est de 29 pieds, la hauteur de 15.

Face du côté de Paris. (Droite du spectateur.)
Pl. 2, n° 2.

L'INDUSTRIE NATIONALE.

L'Empereur, tenant d'une main le Code de commerce, accueille avec bonté les négocians, les manufacturiers qui lui offrent les produits des fabriques françaises. S. M. donne à l'un d'eux la décoration de la légion d'honneur.

On reconnaît dans le fond le monument qui fait face au bassin du canal de l'Ourcq, nouvelle source de prospérité pour la capitale.

Mêmes dimensions que le précédent.

Face du côté de Neuilly. (Gauche du spectateur.)
Pl. 2, n° 3.

LES EMBELLISSEMENS DE PARIS.

L'Empereur, entouré du ministre de l'intérieur et de quelques personnes de marque, indique aux ar-

chitectes qui sont près de lui, les changemens à faire
sur les plans qu'on lui soumet pour l'embellissement
de Paris. On se rappelle en voyant la colonnade du
Louvre, que quelques années du règne de Napoléon
auront suffi pour terminer cet immense palais, ce
que n'a pu faire toute la magnificence des rois qui
succédèrent à François Ier. Encore quelques années et
le château des Tuileries sera réuni au Louvre par
une galerie pareille à celle qui règne du côté de la
Seine, et beaucoup plus considérable elle seule, que
le Louvre entier.

Mêmes dimensions que le précédent.

Face du côté de Neuilly.(Droite du spectateur.)
Pl. 2, n° 4.

CLÉMENCE DE L'EMPEREUR.

S. M., couronnée par la victoire, et la main appuyée sur son épée, pardonne avec générosité aux
ennemis qu'il a vaincus. Ceux-ci sont figurés par des
soldats qui viennent à ses pieds déposer leurs armes.
Le trophée et le camp qu'on aperçoit dans le lointain rappellent la vie active et guerrière de l'Empereur.

Mêmes dimensions que le précédent.

Face latérale du côté du Roule. Pl. 3, n° 1.

ARRIVÉE DE L'ARCHIDUCHESSE MARIE-LOUISE A PARIS.

L'archiduchesse, accompagnée de l'Empereur qui
était allé au-devant d'elle, s'approche de Paris, et les
magistrats de la ville viennent lui en présenter les
clefs sur des coussins. Derrière l'archiduchesse sont
les personnes de sa cour et les officiers qui l'ont es-
cortée dans son voyage. Dans le fond on aperçoit

une foule de citoyens qui se précipitent au-devant de LL. MM. avec des branches de laurier à la main.

La longueur de ce bas-relief est de 56 pieds, sa hauteur 15 pieds.

Face latérale du côté de Passy. Pl. 3, n° 2.

ALLIANCE DE LEURS MAJESTÉS.

« L'Empereur Napoléon et l'Impératrice Marie-Louise, revêtus des habits impériaux, et entourés des attributs et des armoiries qui caractérisent la France et l'Autriche, se donnent la main en signe d'alliance, sur un autel placé aux pieds de la statue de la Paix. Sur le côté, à la gauche du spectateur, on voit un buste de Janus, symbole du passé et de l'avenir ; et auprès, le Temps qui dicte à la muse de l'histoire, l'époque d'un événement si mémorable. Plus sur le devant, est l'Impératrice montée sur un char dont l'amour dirige les coursiers. Une femme l'accompagne, et tient à la main un sceptre, emblème de la puissance.

« On a placé à l'opposite, derrière l'Empereur, un amas d'armes de toute espèce ; près de là, est la figure allégorique de la Seine, au-dessus de laquelle s'élève la Renommée, annonçant au monde cette alliance ; les peuples que cette union remplit de joie se livrent à la danse. »

Mêmes dimensions que le précédent.

Sous la voûte du coté de Passy. Pl. 4, n° 1.

PROSPÉRITÉ DE L'EMPIRE.

« LL. MM., dans une des salles de leur palais, encouragent tous les arts par leur bienveillance. Cette salle est décorée de colonnes entre lesquelles sont placés, sur des cippes, des bustes allégoriques qui représentent les divers ministères. S. M. l'Impératrice est placée sur le trône auprès de l'Empereur. Vers la gauche les beaux arts se distinguent facilement chacun par les attributs qui lui sont propres. On remarque devant ce groupe une figure de femme offrant un médailler qui contient l'histoire numismatique de l'Empereur; et dans le coin du bas-relief, un balancier que des enfans font mouvoir.

« Du côté opposé paraît la muse de l'histoire traçant les événemens glorieux du règne de Napoléon; elle est entourée d'enfans qui viennent s'instruire au récit de ces faits héroïques. Auprès sont étalés les divers produits de l'industrie nationale, et des agriculteurs présentent les tributs de leurs récoltes.

« A travers les entrecolonnemens on aperçoit les principaux monumens dont S. M. a ordonné l'exécution. »

Sous la voûte du côté du Roule. Pl. 4, n° 2.

PROSPÉRITÉ DE L'EMPIRE.

« L'Empereur et l'Impératrice parcourent sur un char les provinces de leur empire, et répandent sur leur passage l'abondance et l'alégresse. A gauche du spectateur, sont les muses de la peinture, de l'architecture et de l'art statuaire, toutes trois occupées à répondre aux grandes pensées de Napoléon; la colonne de la grande armée (place Vendôme) et le pérystile du temple de la Victoire, sur l'emplacement de la Madeleine, sont indiqués dans le lointain. On voit à droite des ballots de marchandises et des barques,

emblêmes du commerce, que la navigation des nouveaux canaux a rendu plus actif. A côté, au pied d'un
Hermès représentant la Nature, est assise la figure de
l'Abondance; les enfans qui l'entourent désignent la
population. Enfin le fond, dans cette partie de la
composition, offre la vue de plusieurs monumens
nouveaux, et principalement celle de l'obélisque projeté sur le terre-plein du Pont-Neuf. »

La largeur de ces deux bas-reliefs est pour chacun
de 55 pieds, et la hauteur 9 pieds.

Au-dessous des différens médaillons qui ornent les
pieds droits de ce monument, on remarque les in-
scriptions suivantes, dont plusieurs sont extraites des
discours prononcés dans le sénat.

Au-dessous du portrait de l'Empereur :

Le bonheur du monde est dans ses mains.

Au-dessous d'un laurier qui pousse plusieurs re-
jetons :

Il a fait notre gloire ; ils la rendront éternelle.

Au-dessous d'un léopard rugissant :

Il riait de nos discordes ; il pleure de notre union.

Au-dessous du monagrame de LL. MM. :

Nous l'aimons pour l'amour de lui ; nous l'aimerons
pour elle-même.

Au-dessous d'un amour couronnant de myrtes et
de roses le casque de Mars :

Elle charmera les loisirs du héros.

Au-dessous d'un arc-en-ciel et d'un soleil :

Elle annonce à la terre des jours sereins.

Au-dessous du portrait de l'Impératrice :

Nous lui devrons le bonheur de l'auguste époux qui l'a
placée si haut dans sa pensée.

Au-dessous de la figure du Danube.

Il nous enrichit de ce qu'il a de plus cher.

Au-dessous du monograme de LL. MM. :

Elle sera pour les Français une véritable mère.

Au-dessous de la figure de la Seine :

Notre amour reconnaîtra le don qu'il nous fait.

Après quelques jours de pluie on avait lieu de
craindre que le temps ne fût contraire à la pompe de
cette fête ; quelques gouttes d'eau tombées dans la
matinée avaient augmenté cette appréhension ; mais
à l'instant où LL. MM. montaient en voiture à Saint-
Cloud, le ciel commença à se débarrasser des nuages
qui l'obscurcissaient, et lorsqu'à une heure, le cortège
arriva sous l'arc-de-triomphe de l'Etoile, le soleil se
montra dans tout son éclat, et rendit ce jour un des
plus beaux du printemps.

La première partie du cortège de LL. MM. était
composée des lanciers polonais, des dragons et des
chasseurs de la garde, que des hérauts d'armes pré-
cédaient. Le nombre des voitures de la cour était de
trente : elles étaient toutes dorées, d'une forme pareille et attelées de six chevaux. Les grands officiers
des maisons de l'Empereur et de l'Impératrice, et
les grands dignitaires de l'empire occupaient les pre-
mières. Venaient ensuite les rois, reines, princes et
princesses du sang impérial, et l'oncle de l'Impératrice, S. A. le grand-duc de Wurtzbourg. La voiture

de l'Impératrice, attelée de huit chevaux, suivait à vide ; enfin l'Empereur, ayant l'Impératrice à sa gauche, était dans une voiture également à huit chevaux, et dont la beauté des peintures, l'élégance, la richesse, auraient attiré l'admiration générale, si des objets bien autrement importans ne l'avaient alors fixée tout entière.

Ces deux dernières voitures étaient chargées, et derrière et devant, d'un grand nombre de pages, et marchaient environnées des maréchaux de l'empire, commandans de la garde impériale, des grands écuyers, et autres officiers tous vêtus avec la plus grande magnificence, et montés sur des chevaux superbes et couverts d'or.

Derrière le groupe principal les personnes de la suite de LL. MM. occupaient dix autres voitures, et la marche était fermée par le corps des grenadiers à cheval et celui des gendarmes d'élite.

Pendant tout le temps que le cortège a mis à défiler sous l'arc-de-triomphe, la musique du Conservatoire, dirigée par M. Rose, a exécuté des fanfares, des cantates et d'autres morceaux analogues à la circonstance et du plus bel effet.

Le bruit du tambour, des cloches et du canon ayant annoncé l'arrivée de LL. MM., par-tout éclatèrent les cris de joie et les chants d'alégresse.

Le corps municipal s'approcha de la voiture de l'Empereur qui s'arrêta sous l'arc, et M. le préfet de la Seine adressa, au nom de la ville de Paris, un discours de félicitation à LL. MM.

Après cette station, qui a duré environ dix minutes, le corps de ville a entouré la voiture de LL. MM., en se joignant au cortège, qui a continué sa marche au petit pas le long des Champs-Elysées et du jardin des Tuileries, jusqu'au palais.

Dans toute la longueur de l'avenue on avait placé des orchestres de distance en distance, qui ont fait entendre pendant le passage du cortège des symphonies d'une très-bonne exécution. Dans les carrés des Champs-Elysées la ville avait fait établir, pour l'amusement public durant le reste de la journée, des jeux de toute espèce avec des prix à décerner aux vainqueurs dans les différens exercices. La troupe des écuyers Franconi y avait aussi dressé un manège et un théâtre, où elle a donné plusieurs représentations de ses jeux et de ses combats.

Les Champs-Elysées et la place de la Concorde offraient des dispositions pour les illuminations du soir, sur lesquels nous reviendrons lorsque nous aurons achevé de décrire toute la pompe de la cérémonie.

Dans le cours de la marche, S. M. l'Impératrice a reçu l'hommage d'un grand nombre de jeunes filles qui ont présenté des fleurs, comme l'expression simple et pure de leur amour et de l'innocence de leurs vœux.

Le jardin des Tuileries, dont le plan et toutes les dispositions sont déja d'un si grand effet, offrait encore des agrémens nouveaux. Deux arcs-de-triomphe d'une proportion beaucoup plus petite que celui de l'Etoile, mais d'une composition délicate, élégante et riche, étaient élevés aux deux extrémités.

Le premier (Pl. 5), à l'entrée par la grande place, paraissait construit en marbre. L'arcade au milieu reposait sur huit colonnes isolées, qu'accompagnaient deux galeries de vingt autres colonnes, isolées aussi et d'or donnance ionique.

L'arc était surmonté de deux écussons aux armes de France et d'Autriche, sur lesquels deux figures à genoux posaient la couronne impériale. Des bas-reliefs et des ornemens du meilleur goût enrichissaient les corniches, les frises, les tympans et les plafonds. Sur chaque colonne était un vase de fleurs, et d'espace en espace étaient suspendus, par des guirlandes, des médaillons portant les chiffres enlacés des deux augustes époux. Tous les ornemens rehaussés d'or, appliqués sur un marbre blanc, rendaient ce petit monument de l'effet le plus agréable, et le plus convenable au genre de fête qu'on célébrait.

Le second arc de triomphe (Pl. 6), adossé sur la façade du palais, auquel il servait d'entrée, était composé dans le même goût, avec même richesse et même élégance. Il était surmonté d'une tribune où LL. MM. ont paru aux yeux du public aussitôt après leur arrivée dans le palais impérial, et était appuyé, aux deux côtés, par deux grands orchestres destinés à l'exécution du concert qui a eu lieu le soir.

Si l'entrée solennelle de LL. MM. dans la ville de Paris avait pour objet de présenter aux habitans de cette capitale, Marie-Louise, archiduchesse d'Autriche, avec tout l'appareil qui doit entourer l'épouse du plus puissant souverain du monde, cette entrée brillante avait un but religieux plus respectable encore, celui de recevoir dans le sein de l'église la bénédiction nuptiale des mains de ses ministres, et de se jurer au pied des autels la fidélité conjugale que LL. MM. ne s'étaient promise encore que dans les formes civiles.

LL. MM. étant donc restées quelques instans dans leur appartement pour prendre le costume convenable à cette auguste cérémonie, et se revêtir du grand manteau impérial, elles se remirent en marche, précédées et suivies des mêmes personnes, pour passer dans la chapelle qui avait été préparée exprès dans le grand salon du Louvre.

Le palais des Tuileries et celui du Louvre sont éloignés l'un de l'autre de 250 toises environ qui, font à-peu-près un demi-quart de lieue ; mais ils se communiquent par une galerie qui a cette longueur, monument auquel on ne peut rien comparer dans toute l'Europe.

C'est cette galerie, que les victoires de Napoléon ont rendue le dépôt le plus complet des chefs-d'œuvre des plus grands peintres, que les augustes époux ont parcourue lentement pour se rendre avec leur cour brillante et nombreuse, au grand salon du Louvre, transformé en chapelle pour la célébration de leur mariage.

Cette vaste étendue de terrain, dont la vue peut à peine embrasser les deux extrémités, est maintenant coupée de distance en distance par six grands arcs qui reposent sur des colonnes du plus beau marbre. C'est la première fois qu'on jouissait de cet embellissement ordonné par l'Empereur. Le parquet, dans toute sa longueur, était couvert d'un magnifique tapis. Il est difficile de se figurer l'effet que produisit le passage de LL. MM. à travers deux rangs de femmes toutes plus jolies et plus parées les unes que les autres

2

Le vêtement le plus somptueux ajoutait aux charmes de l'Impératrice : sa robe était brillante de pierreries , et les diamans les plus précieux composaient son diadême. Des dames du plus haut rang portaient la queue de son manteau , et ces dames avaient elles – mêmes de longs manteaux portés par des officiers de distinction.

Un autel était élevé au fond du salon faisant face à la galerie (*Voyez* la pl. 7); il était paré d'une grande croix, de six flambeaux en vermeil, et couronné d'un dais.

Le devant de l'autel était orné d'un très-beau bas-relief (pl. 8.) sculpté en argent doré , représentant l'Adoration des Bergers, ouvrage de Sarrazin , artiste distingué du siècle de Louis XIV. Ce bas-relief n'a jamais été gravé, et nous ne pensons pas qu'on nous reproche de l'avoir inséré ici : il est destiné à décorer le maître-autel de l'église de Saint-Denis , et l'on peut assurer qu'il est digne d'une pareille destination.

Un magnifique tapis de velours cramoisi couvrait une grande partie du plancher, et deux rangs de banquettes pareilles en formaient l'enceinte. Au milieu étaient placés , pour LL. MM. , deux fauteuils et deux prie - dieu également en velours cramoisi, parsemé d'abeilles.

Deux rangs de tribunes régnaient autour de cette chapelle ; elles étaient tendues en tafetas cramoisi, ajusté en draperies, rideaux bleus , et touffes ornés de franges et galons d'or. Les autres parties de la chapelle étaient tendues en tapisseries des Gobelins ; sur des bandes qui régnaient au pourtour on voyait les armes et les chiffres de LL. MM.

S. Em. le cardinal Fesch a conféré le sacrement et a dit la messe, assisté de plusieurs autres cardinaux et évêques.

Les princes et les princesses occupaient les banquettes; les ambassadeurs, les députés des grands corps constitués de l'état, les grands officiers et les dames de la cour, occupaient les tribunes et les autres places de la chapelle.

La cérémonie a duré environ une demi-heure, après quoi LL. MM. sont rentrées dans la galerie, et ont regagné leurs appartemens dans le même ordre et avec le même cortège; il était alors quatre heures. L'Empereur et l'Impératrice se sont montrés de nouveau au peuple dans la tribune élevée dans les Tuileries, et les troupes ont manœuvré sous leurs yeux.

Les chants, les danses, les jeux, les exercices de toute espèce ont eu lieu ensuite pour l'amusement général.

Mais un si beau jour était trop court, et ne pouvait suffire à tant d'alégresse; il fallait que la nuit contribuât aussi à l'enchantement universel; il fallait encore un miracle, et il s'opéra.

En un instant toutes les façades des palais, des grandes administrations, des monumens, des places et des promenades publiques, et celles des maisons particulières ont été couvertes par des décorations architecturales, qui ont été sur-le-champ illuminées.

On voyait sur le sommet des plus hautes tours, sur les dômes et sur les clochers les plus élevés, des masses de feu considérables qui paraissaient comme suspendues dans les airs.

Une description écrite peut bien indiquer ces différens objets de l'art, mais elle est insuffisante pour faire apprécier ces compositions, qui étonneront par leur nombre, leur variété, leur richesse, et elle ne peut donner une idée de la rapidité avec laquelle elles ont été conçues et exécutées par d'habiles architectes. Quoique ce genre paraisse d'abord étranger à l'architecture, on a pu juger dans cette circonstance, par le mérite des conceptions qu'elle a fait naître, combien il serait nécessaire qu'on l'y rattachât. Nul doute que le dessin de ces décorations momentanées n'offrît aux jeunes gens qui étudient ce bel art, des occasions d'essayer leurs forces et de perfectionner leur goût ; c'est pourquoi nous nous sommes empressés de saisir l'esprit de celles de ces productions qui ont paru les plus dignes de l'attention, et nous en avons fait graver les dessins, pour les réunir en un corps d'ouvrage, comme méritant d'être conservés pour les progrès de l'art.

Chaque planche sera accompagnée d'une courte description, et d'une notice qui indiquera le nom de l'auteur, et celui du monument sur lequel la décoration aura été placée.

Nous nous étendrons davantage sur celles qui, dans le nombre, offriront le plus d'intérêt.

Le premier, objet qui se présente comme le plus important et le plus étonnant par son étendue, c'est l'ensemble des illuminations répandues sur l'immense surface du jardin des Tuileries, de la place de la Concorde, et sur les monumens qui l'environnent de toutes parts, à des distances plus ou moins éloignées.

On sent bien qu'on entreprendrait vainement de décrire l'effet pittoresque et brillant que ce grand en-

semble produisait en le considérant de ses différens
points de vues.

Le spectateur, que nous supposons d'abord placé
dans la tribune de LL. MM. , à la hauteur des appartemens , et hors de la croisée du milieu du palais ,
apercevait à-la-fois , toute l'enceinte du parterre , la
grande allée , et tout l'emplacement du grand bassin
bordés par les terrasses du jardin. Toute cette étendue
était décorée , sans aucun intervalle , de pilastres et de
plates-bandes , dant la longue suite était interrompue
de distance en distance par de grandes arcades plus
élevées , accompagnées de boucliers et couronnées de
corniches et d'amortissemens. Cette décoration est
due à MM. Percier et Fontaine ; voyez planche 36 ,
n° 1.

De ce même point de vue on apercevait aussi la
place de la Concorde , entourée de pommes d'orangers
sur leurs tiges et dans leurs caisses , tout brillans de
lumière , et à beaucoup d'endroits déterminés de cette
place et du jardin , des pyramides de feu qui jetaient
le plus vif éclat.

On voyait encore au-delà , la grande avenue des
Champs-Elysées , et aux deux côtés , les deux carrés
destinés aux jeux publics complètement illuminés , de
la manière la plus pittoresque , par des cordons , des
pyramides et des ifs , couverts de pots à feu , et par des
lanternes suspendues en guirlandes , qui entouraient les
salles de danse et les orchestres qui les animaient.

Du même point de vue , on apercevait , à droite et
à gauche , plusieurs grands monumens , tels que le
ministère de la marine , le palais des Victoires , celui
du Corps-Législatif et le pont qui le précède , celui

de la Légion-d'Honneur, les Invalides, le quartier Napoléon , et plusieurs autres où l'art et le goût avaient rivalisé, et sur lesquels nous sommes obligés de revenir pour leur consacrer à chacun un article particulier.

En se plaçant au centre de la place de la Concorde l'effet était différent , mais n'était pas moins magique. De ce point on apercevait le jardin des Tuileries tel que nous venons de le décrire, mais terminé par la façade du palais, dont toutes les corniches, les balustrades et les croisées cintrées , étaient couvertes et entourées de lumières d'un bout à l'autre et du bas en haut. On avait aussi suspendu au mileu de chaque arcade un lustre de soixante lanternes de verre, renfermant chacune une bougie , qui en rendaient l'effet très-agréable.

Du même point de vue on voyait le pont de la Concorde ; (pl. 9.) à ses deux extrémités étaient quatre obélisques de douze pieds de base et de treize toises et demie d'élévation , couverts de pots à feu sur les quatre faces, et répandant au loin des flots de lumière. Trente-deux colonnes d'ordonnance ionique et de vingt-quatre pieds de proportion, sur les piédestaux de la balustrade et dans toute sa longueur, portaient chacune une étoile en feux de couleurs. Ces colonnes étaient isolées, et seulement liées l'une à l'autre par des guirlandes aussi en verres de couleurs.

La perspective de ce pont, terminée par le palais du Corps-Législatif, (pl. 10.) dont l'illumination offrait la même décoration architecturale que celle qui est exécutée; c'est-à-dire un péristyle de douze colonnes de grande ordonnance corinthienne, élevé sur un grand nombre de marches, et couronné d'un grand fronton ; toutes les marches, les colonnes et leurs chapiteaux, l'entablement et le fronton, couverts de feux très serrés, dont le nombre est incalculable.

Le tympan du fronton (pl. 8), tout entier en transparent, représentait la paix unissant les deux époux, à leurs côtés deux génies portant sur des boucliers les armes des deux empires ; le peuple, figuré derrière par des groupes de magistrats, de guerriers et de femmes qui s'empressent d'offrir des couronnes au couple auguste. Aux extrémités étaient deux fleuves, la Seine et le Danube, autour desquels se groupaient des enfans , emblême de la fécondité.

Au-dessus du génie de la Paix, on remarquait l'emblême de la Sagesse, entourant le chiffre de Napoléon et de Marie-Louise.

Toute cette décoration et celle du pont sont de M. Poyet, architecte du Corps législatif.

Le transparent du fronton est de M. Fragonard.

Sans quitter le centre de la place, on voyait du côté opposé la colonnade dite autrefois du Garde-meuble de la couronne (pl. 12), ou plutôt les deux corps de bâtiment, dont un, celui qui est à droite, est aujourd'hui le ministère de la marine et des colonies. Celui qui est à gauche est occupé par des hôtels particuliers; mais ces deux bâtimens ont été décorés uniformément comme ils devaient l'être pour la régularité de l'ensemble. Rien n'était aussi brillant et aussi riche de lumière que ces deux édifices ; ils semblaient d'or enrichis de pierres précieuses, et tels qu'on nous décrit le palais des fées. La vue, quoiqu'éblouie, avait peine à s'en détacher.

Toute l'ordonnance, telle qu'elle est exécutée en pierre, était couverte de feux; on y avait ajouté des ancres de vaisseau. Toute la frise était décorée de guirlandes; le sommet des frontons portait quatre grandes couronnes avec des nœuds de rubans. Des aigles et des étoiles étaient répandus sur toute la longueur au-dessus de chaque colonne. Les quatre transparens des frontons représentaient le chiffre de Napoléon et de Louise, soutenu par des Renommées.

Dans l'intervalle de ces deux grandes masses, et plus loin, à l'extrémité de la rue de la Concorde, le Temple des Victoires, sur l'emplacement de la Madeleine, répétait exactement celui du Corps législatif, à la différence seulement, que le transparent du fronton ne représentait qu'un seul grand aigle ayant les ailes déployées dans une couronne.

Ce vaste et magnifique ensemble, tel que nous avons essayé de le décrire, a attiré constamment la curiosité de tous les habitans de Paris et des étrangers qui y étaient alors en grand nombre; on en a pu jouir une partie de la nuit, tant l'air était calme et serein.

Quoique l'affluence attirée par le concert, par le feu d'artifice, ou par les illuminations, fût extrême, néanmoins tout le monde en a joui avec sécurité et sans obstacles. Le même esprit d'ordre et de prévoyance qui avait présidé à la marche, à l'arrivée, au placement et au retour de dix mille voitures dans ce même endroit, cinq heures auparavant, pour la cérémonie du matin, les en avait toutes bannies pour la promenade du soir; en sorte qu'il n'y eut aucun tumulte, aucun accident.

Nous pensons en avoir dit assez, pour donner une

idée aussi complète qu'il est possible de le faire, de l'ensemble de cette pompe pyrotechnique ; mais le but de cet ouvrage étant spécialement de faire connaître les illuminations adaptées à chacun des principaux monumens situés dans les divers quartiers de Paris, nous allons les passer en revue.

Nous nous abstiendrons de parler davantage du nombre des lumières, de leur éclat et de leur effet, qui sont par-tout les mêmes, afin de ne pas tomber dans des répétitions continuelles et fastidieuses.

LE PALAIS DU SÉNAT, planche 13,

Par M. Chalgrin,

Offrait un portail de 45 pieds de largeur, composé de deux ordres élevés l'un sur l'autre, de chacun huit colonnes et d'une grande arcade au milieu ; une rotonde en retraite au-dessus, dont la coupole est terminée par une lanterne, ayant le tout 15 toises et demi d'élévation.

Planche 14.

L'arcade du second ordre était rempli par un grand sujet transparent, représentant le sénat, sous l'emblême d'une Minerve, appuyée sur le dépôt sacré de la constitution de l'empire, tenant d'une main le symbole de la Prudence, et recevant de l'autre l'acte d'alliance de LL. MM., que lui deux génies présentent.

Ce transparent est de la composition de M. Laffitte, auteur des bas-reliefs du grand arc de triomphe que nous avons déja décrits.

LE PALAIS DE L'INSTITUT, planche 15.

Cette illumination mérite d'être distinguée de beaucoup d'autres ; elle présente le modèle d'un très-beau

péristyle de huit colonnes corinthiennes, qu'on desire-
rait voir substituer à celui existant, élevé par Dorbay,
sur les dessins de Leveau, tous deux architectes cé-
lébres du 17ᵉ siècle.

C'est pour montrer tous les avantages du nouveau
péristyle projeté que nous avons gravé les arrières-
corps qui l'accompagnent, et le dôme qui le couronne.

Il est certain que ce portail ainsi restauré, avec des
entrecolonnemens égaux, est préférable à celui exécuté, dont les entrecolonnemens, composés de colonnes et de pilastres, sont tous inégaux; et que celui
projeté s'accorde beaucoup mieux avec toutes les parties de l'édifice.

Cette composition est de M. Vaudoyer, architecte,
qui a été chargé de l'installation de l'Institut dans ce
palais, qui a tiré tout le parti possible des localités, et
qui a très-ingénieusement converti la chapelle de l'ancien collége en une salle de séances publiques pour le
premier corps savant de l'empire français.

L'HÔTEL DES INVALIDES, planche 16.

Cette décoration présente un péristyle de six colonnes d'une grande ordonnance corinthienne, qui supporte un grand arc parsemé d'étoiles; ce demi-cercle
renferme, en transparent, une grande gloire, au centre
de laquelle les deux lettres initiales de Napoléon et
de Louise sont couronnées d'étoiles. Un aigle couronné, et tenant un foudre dans ses serres, est placé
au sommet de l'arc.

SAINTE-GÉNEVIÈVE, planche 17.

La coupole de ce monument avait été éclairée d'une
manière très-ingénieuse par M. Rondelet, architecte

chargé de la restauration et de l'achèvement de cet
édifice. Toutes les côtes étaient prononcées sur les
deux arrêtes par un double rang de terrines. Entre
ces côtes étaient des aigles, et plus haut des chiffres
agréablement dessinés en verres de couleurs. L'attique
au-dessus de l'ordre extérieur était décoré de fortes
guirlandes attachées à des flambeaux d'Hymen, ver-
ticalement posés sur chaque traîneau. Le péristyle
circulaire, au bas du dôme, était éclairé par des lustres
dans les entrecolonnemens , ce qui détachait très-
artistement les colonnes en brun sur un fond très-
brillant. Le soubassement, les corniches et entable-
mens, formaient autant de cordons très-serrés. La lanterne réunissait un grand foyer de lumière , et était
surmontée d'un grand trépied représentant l'autel de
l'hymen , où brûlait un feu qui jetait une flamme
considérable. Cette illumination peut être considérée
comme une des plus ingénieuses , des plus difficiles
d'exécution, et comme une de celles qui ont produit
le plus d'effet.

LE MUSÉUM D'HISTOIRE NATURELLE, pl. 18.

Sur la grille du jardin des plantes , du côté du
pont d'Austerlitz, étaient figurés en profil, à la sil-
houette, quatre grands animaux, savoir ; le lion , le
chameau, l'éléphant et le rhinocéros ; aux deux côtés
de l'entrée, deux colonnes supportaient un grand tableau transparent, représentant le chiffre de LL. MM.,
dans un médaillon accompagné de deux branches de
lauriers et de myrte, avec une couronne au – dessus.
Les aigles romaines étaient plantées aux deux côtés ,
et les pavillons d'entrée étaient couverts de pots-à-feu.

L'ÉCOLE DES MINES, Pl. 19.

Par M. Gisors jeune.

La décoration de cette École présente un grand arc appuyé de six portiques, dans une ordonnance de huit colonnes doriques ; sous le grand arc est placé l'aigle impérial entouré d'étoiles ; sous chacun des portiques sont les chiffres de LL. MM. dans des couronnes de fleurs, et au-dessus de chacun des arcs brille l'étoile de la légion d'honneur.

LA BANQUE DE FRANCE, Pl. 20.

Par M. Lanoix.

L'entrée sur la rue des Fossés-Montmartre, présente une simple porte cintrée et deux piédroits unis, couronnés d'une corniche et d'un attique supportant un grand transparent représentant les deux grands aigles de France et d'Autriche, et deux figures allégoriques de la Force et de la Justice, très-bien dessinées.

Planche 21.

Sur la face, place des Victoires, Pl. 21, était élevé un grand obélisque surmonté de l'aigle impérial, portant le chiffre de LL. MM., entouré d'étoiles, et les symboles du Commerce, de la Prudence et de l'Abondance.

HOTELS DES MINISTRES.

MINISTÈRE DE LA JUSTICE, Pl. 22.

Par M. Bénard.

Sur un soubassement rustique, composé de cinq

portiques ornés d'impostes et d'archivoltes, est élevé un grand ordre corinthien de quatre colonnes avec entablement; et aux deux extrémités de la balustrade qui lui sert de socle sont deux trépieds enflammés.

LE MINISTÈRE DES RELATIONS EXTÉRIEURES, Pl. 23.

Par M. Bénard.

L'illumination de cet hôtel offrait trois décorations : celle en dehors sur la rue présentait une ordonnance dorique assez étendue, divisée en trois arcades, décorées de six pilastres sur les piédroits, couronnés d'un entablement et d'un attique. L'arcade du milieu était le passage d'entrée ; les deux autres renfermaient les chiffres de LL. MM. et une couronne au-dessus. Sur l'attique brûlaient quatre gros pots à feu.

Dans la première cour s'élevait, un simple portique Pl. 24, surmonté par deux colonnes, et appuyé de deux pilastres, aussi d'ordre dorique.

Dans la seconde cour, même planche, à-peu-près la même décoration architecturale, mais contenue dans une plus grande ordonnance de pilastres, et représentant un temple de l'Hymen. Au milieu, un tableau transparent représentait, sous des formes allégoriques, LL. MM. se donnant la main sur un autel. Au-dessus, un génie dans des nuages déposait deux couronnes sur leur tête. Ces trois décorations étaient disposées de manière que leur ensemble offrait un coup-d'œil enchanteur.

MINISTÈRE DE L'INTÉRIEUR, Pl. 25.

Par M. Poyet.

Un soubassement rustique de 13 toises de face portait un petit ordre de douze colonnes espacées avec corniche. Sur chacune était placée une étoile, et dans les espaces on voyait suspendues les trois lettres initiales de Napoléon et de Marie-Louise.

L'arcade ouverte au milieu était décorée de deux grandes colonnes canelées portant corniche et fronton.

MINISTÈRE DES FINANCES, Pl. 26.

Par M. Bénard.

Cette composition, de 12 toises de face, offre, une ordonnance de dix colonnes espacées, élevée sur un socle et couronnées d'un entablement. Au milieu est réservé un assez large espace, formé par un grand arc dans lequel une guirlande suspendue à l'imposte forme, avec l'archivolte, un grand médaillon. Ce médaillon est rempli par un transparent représentant les deux portraits de LL. MM. entourés de branches de lauriers et de myrte, supportés par un aigle, et couronnés par deux génies.

Sur la corniche, au-dessus de chaque colonne, sont quatre grands aigles, dont les ailes sont déployées, et quatre grands pots à feu; et dans les entrecolonnemens huit grands trépieds enflammés. Cette composition est riche et du meilleur goût.

MINISTÈRE DU TRÉSOR PUBLIC, Pl. 27.

Par le même architecte.

Cette décoration est à-peu-près la même que la précédente, et offre les mêmes allégories; elle a seulement moins d'étendue et moins de richesse.

Sur la même planche on voit aussi, du même auteur, une fort jolie décoration qu'il a fait élever au-devant de sa maison, rue Napoléon.

MINISTÈRE DE LA GUERRE, Pl. 28, n° 1.

Par M. Bartholomé, ingénieur.

L'illumination de cet hôtel présente une grande arcade, dont les deux piédroits sont ornés de deux entrecolonnemens et de pilastres élevés sur un piédestal commun, et couronnés d'une corniche architravée servant d'imposte à l'arc; au-dessus de cette corniche sont deux boucliers, et les tympans de l'archivolte, sont remplis par deux casques, la clef est ornée d'une branche de laurier. Toute la masse est couronnée d'une corniche corinthienne et d'un double amortissement.

Sur la même planche 28, n° 2,

On voit une décoration à-peu-près semblable, qui a été placée à l'hôtel de la Sous-Intendance, rue de l'Université.

HOTEL DU GOUVERNEUR DE PARIS, Pl. 29, n° 1.

Par M. Lanoix.

Deux grands pilastres doriques sont couronnés d'un entablement en plate-bande, d'un attique et d'un grand arc, sous lequel sont représentés en transparent, les deux aigles des deux empires de France et d'Autriche. Le bandeau de l'arc est orné de feuilles de laurier, et dans la frise on lit : *Napoléon, Marie-Louise*, dont les lettres sont renfermées, une à une, dans autant de petits médaillons en transparent.

Cette décoration, placée entre deux obélisques d'une grande dimension, produisait un bel effet.

Sur la même planche, n° 2.

Une autre ordonnance de quatre pilastres accouplés, élevés sur un socle commun, laissant entre eux un grand passage d'entrée fermée en plate-bande par une corniche architravée, et grand fronton au-dessus.

Cette décoration, placée à l'Elysée-Napoléon : est de M. Berthault.

MINISTÈRE DES CULTES, Pl. 30, n°. 1.

Un grand arc est soutenu par deux piédroits ornés de petits pilastres, et couronnés par une corniche et un grand attique ou amortissement. Il est appuyé aux deux côtés par quatre petits portiques sur un socle commun, ayant le tout soixante pieds d'étendue. Aux deux côtés du grand arc sont deux transparens, représentant l'un une croix, l'autre des branches d'olivier. Au milieu de l'attique, un autre transparent représente les aigles des deux empires liés par une guirlande de fleurs, au-dessus de laquelle est une gloire, dont le centre est orné d'étoiles.

Sur la même planche, n° 2,

ADMINISTRATION DE LA GUERRE.

Par M. Gisors jeune,

On voit une autre grande ordonnance dorique, très-régulière, composée d'un portique et de deux entre-colonnemens élevés sur un socle commun, couronnés d'une corniche au-dessous de laquelle brillent quatre étoiles. La frise est ornée des triglifs appartenant à cet ordre.

Sous l'archivolte est un trophée d'armes et de drapeaux surmontés de l'aigle impérial. Les deux entre-colonnemens sont remplis par les chiffres de LL. MM., et surmontés d'une étoile ; et plus haut sont deux petits médaillons.

MUSÉE DES MONUMENS FRANÇAIS , Pl. 31, n° 1.

Par M. Lenoir , architecte, directeur de ce musée.

Un portique accompagné de deux colonnes doriques, avec piédestal et entablement. Dans la frise, une inscription , *à Napoléon et à Marie-Louise , le génie de l'histoire ,* et leur portrait en médaillon. Dans les tympans de l'archivolte, deux renommées , et sur la clef de l'arc, le chiffre de LL. MM. enlacé dans des branches de laurier et de myrte.

Tout ce qui est allégorique était en transparent. Il serait à desirer que cette décoration fournît l'idée de donner enfin à ce musée une entrée digne des monumens précieux qu'il renferme.

Sur la même planche , n° 2.

ÉCOLE DE DROIT.

Par M. Rondelet.

Un péristyle de quatre colonnes ioniques avec un grand fronton au-dessus. Dans l'entrecolonnement du milieu, est élevé, sur un piédestal , un groupe de deux figures qui se prêtent un serment mutuel sur l'autel de l'Hymen, et au-dessus le chiffre de LL. MM.

Les deux autres entrecolonnemens renferment les aigles des deux puissances alliées, des flambeaux en sautoir, et deux grands candelabres.

3

Planche 32, n° 1.

PORTE DE LA DOUANE.

Par M. Bénard.

Devant la porte de la Douane est un portique enfermé dans une ordonnance de quatre colonnes corinthiennes, élevées sur un socle commun, et couronnées de leur entablement.

Sur la même planche, n° 2.

PORTE DU TRÉSOR PUBLIC.

Par le même.

L'archivolte d'un grand arc repose sur deux entrecolonnemens d'ordonnance dorique, dont l'entablement sert d'imposte à l'arc. Au milieu de l'arc est suspendu un médaillon portant le chiffre de LL. MM., renfermé dans une couronne de laurier; et aux deux côtés, sur les colonnes des extrémités, deux aigles dont les ailes sont déployées.

Pl. 33, n° 1.

IMPRIMERIE IMPÉRIALE.

Par M. Célerier.

Un portique, accompagné de quatre colonnes accouplées, d'ordonnance corinthienne, élevées sur un socle commun, couronnées de leur entablement, avec un double amortissement, où sont placés deux aigles. Au milieu de l'arcade est suspendu le chiffre de LL. MM., entouré d'étoiles.

Sur la même planche, n° 2.

UN HÔTEL, PLACE VENDÔME.

Un soubassement de trois arcades, ornées d'impostes

et archivoltes, et couronné d'une corniche. Ce soubassement supporte un grand ordre corinthien, de
quatre colonnes, avec entablement et fronton. Cette
ordonnance a de la noblesse avec une sorte de sim-
plicité. Elle est de M. Damesme.

Planche 34, n° 1.

HOTEL DU MARÉCHAL AUGEREAU, RUE DE GRENELLE.

M. Lanois, architecte, a fait élever un large portique, renfermé entre deux pilastres doriques, couronnés d'une corniche et d'un fronton. Dans les tympans du fronton et de l'archivolte, sont des branches
de laurier et les trois lettres initiales de Napoléon,
Marie, et Louise.

Sur la même planche, n° 2.

A la porte de l'Intendance, rue de Grenelle,
quatre pilastres accouplés, sur un socle commun,
et couronnés d'une corniche renfermant une grande
porte cintrée, ornée d'un gros chambranle. Une étoile
de la légion d'honneur est posée au milieu, sur l'entablement. Cette décoration est de M. Fontaine.

Planche 35, n° 1.

A la porte d'un hôtel rue Cérutti, occupé par la
reine de Hollande, on voyait une ouverture carrée,
accompagnée de deux pilastres; corniche et fronton
d'ordonnance ionique.

Sur la même planche, n° 2.

ÉCOLE IMPÉRIALE POLYTECHNIQUE.

Par M. Gisors jeune, architecte.

L'Ecole Polytechnique, située sur la montagne Sainte-

Génevière, étant un bâtiment d'une construction et d'une décoration gothiques, l'artiste a jugé à propos d'en conserver le caractère dans la décoration qu'il y a élevée pour l'illumination.

Elle représente une façade unie, parée de trois baies, une grande au milieu, et deux petites; elles sont fermées en ogive, et décorées de petites colonnes fuselées, qui leur servent de chambranle. Cette façade est couronnée d'une corniche surmontée d'un petit attique.

Dans le centre de la grande baie, on lit en transparent l'inscription propre au lieu : *Ecole Impériale Polytechnique.*

Planche 36, n° 7.

FRAGMENT DE L'ILLUMINATION DES TUILERIES.

Cette planche représente une partie de la décoration qui entourait le jardin des Tuileries, dont nous avons rendu compte en parlant de l'ensemble des illuminations de ce jardin, par MM. Percier et Fontaine.

Même planche, n° 2.

LES TOURS DE NOTRE-DAME.

Un dessin plus neuf et plus extraordinaire que quelques-unes des décorations architecturales que nous venons de décrire ; un dessin dont l'effet devait être plus curieux et plus étonnant, c'est celui que M. Brognard, architecte, a exécuté sur les deux tours Notre-Dame.

Il s'est servi très-ingénieusement, et avec avantage, de ces deux points d'appui, remarquables par leur masse et par leur hauteur, pour y placer l'emblême de l'hymen qui venait d'être célébré, en y figurant

un autel élevé sur un nombre de degrés qui traver-
saient l'intervalle entre les deux tours. Les degrés
avaient quinze pieds d'élévation, et l'autel trente
pieds au-dessus de la balustrade qui borde les tours.
Quatre trépieds antiques étaient placés dans le bas
et aux quatre angles des degrés. Des feux vifs, et considérables par leur masse, brûlaient sur l'autel et sur
les trépieds, et répandaient dans le ciel une clarté
magique. L'autel était orné des aigles des deux puissances, et des chiffres des deux époux. Et pour que
ces objets se distinguassent, l'artiste avait enveloppé
l'extrémité supérieure des tours par des masses de
nuages en transparent, derrière lesquelles étaient des
torches allumées, qui servaient à-la-fois à éclairer
l'autel et les nuages.

Si l'exécution, qui dépend des ouvriers qu'on y
emploie, a nui à l'effet que devait produire cette
pensée, elle n'en est pas moins très-heureuse.

Planche 37.

LA SAMARITAINE, SUR LE PONT-NEUF.

Une façade de 36 pieds de longueur, percée d'une
grande arcade, et couronnée d'une corniche rampante,
en forme de fronton, représentait l'entrée d'une caverne. Cette caverne était d'autant plus obscure, que
tout ce qui en entourait l'entrée était très-lumineux.

Cette première partie de la décoration, faisait soubassement à une espèce d'ordonnance *pœstum*, composée de quatre pilastres et d'une corniche sur laquelle
s'élevait un grand arc et deux piramydes en ifs aux
extrémités. L'arcade au milieu était remplie par un

grand tableau transparent qui représentait, d'une manière allégorique, les nouveaux époux posant une couronne sur les aigles des deux empires. Au-dessus, dans un cercle d'étoiles, sont les lettres initiales de Napoléon et de Louise.

Une étoile d'une grande dimension s'élevait au-dessus de l'arc, entièrement parsemé d'autres étoiles plus petites.

~~~~~~

FÊTE

DONNÉE A LEURS MAJESTÉS

IMPÉRIALES ET ROYALES

PAR LA VILLE DE PARIS.

Il était juste que la capitale de l'empire ne fît pas moins pour ses souverains que les provinces qu'ils venaient de parcourir, et où leur passage n'a été qu'une suite non-interrompue de fêtes et de réjouissances.

Quatre mille personnes furent invitées pour le bal de l'Hôtel-de-Ville.

Le salon principal, qui a été construit dans la grande cour, était richement décoré : le chiffre et les armes de LL. MM., se voyaient dans tous les ornemens.

La sale dite *des Fastes*, était ornée avec autant d'élégance que de goût, et des guirlandes de fleurs soutenaient ou couronnaient les emblêmes ingénieux qu'on y remarquait.

On avait élevé en retour de l'hôtel de ville une galerie demi-circulaire, à laquelle on communiquait par les appartemens de la préfecture. Elle était composée de vingtdeux colonnes semblables à celles de cet ancien édifice, et figurées en marbre. *Voyez* pl. 38. Des figures allégoriques, placées au-dessus de ces colonnes, représentaient le Commerce, la Victoire, la Science, l'Agriculture, la Navigation, les Arts, l'Etude, la Musique, l'Honneur, l'Industrie.

Ces figures, drapées et ajustées dans le plus grand style, sont dignes du talent de M. Prud'hon, qui en a fourni les dessins. *Voyez* pl. 39 et 40.

Dans l'entablement était un transparent de la plus grande dimension, peint par le même artiste, représentant une assemblée des dieux. Au centre de cette vaste composition, aussi noble qu'ingénieuse, l'union de Napoléon et de Louise était figurée par un Hercule et une Minerve qui se jurent fidélité. Toutes les divinités prennent part à cet hymen, que les muses célèbrent, et auquel les graces et les amours assistent en dansant. *Voyez* pl. 41.

Le mérite de l'exécution et celui des idées ont également rendu ce tableau remarquable.

Aux deux extrémités du transparent étaient placés deux groupes, dont l'un représentait la Victoire offrant l'olivier de la paix aux nations vaincues, et l'autre, la Renommée, annonçant au monde l'événement qui en doit assurer la tranquillité. (*Voyez* pl. 41.)

On lisait sur l'entablement cette inscription, tirée de la cantate composée par M. Arnault, membre de l'institut, pour la fête du 2 avril :

EN JURANT LEUR BONHEUR, DEUX ILLUSTRES ÉPOUX
ONT JURÉ CELUI DE LA TERRE.

Depuis le Louvre jusqu'à la Ville, on avait fait établir sur des piédestaux, de grands trépieds antiques, surmontés de pots à feu qui répandaient une vive lumière tout le long des quais que LL. MM. ont parcourus.

Le cortége impérial s'est rendu à l'Hôtel-de-Ville entre neuf heures et demie et dix heures ; un aérostat garni d'artifice avait annoncé son approche.

LL. MM., après avoir traversé l'appartement qui leur était destiné, et la salle du trône, où se trouvaient un grand nombre de princes, de dignitaires et de dames, se rendirent au centre de cet hémicycle dont nous venons de parler, pour y jouir de la vue du feu, auquel elles-mêmes donnèrent le signal en allumant une pièce d'artifice.

FEU D'ARTIFICE DE LA VILLE, Pl. 42.

Par M. Molinos, architecte.

La première partie du feu présentait l'attaque de deux forts. L'effet des bombes, des boulets et de la mousqueterie, furent imités avec beaucoup d'art. Pendant l'attaque, le vaisseau, symbole de l'antique Lutèce, descendit la Seine, brillant d'illuminations de couleurs, et se plaçant entre deux colonnes également illuminées, vint compléter ce tableau magnifique.

Le temple de la Paix formait le second tableau ; la beauté de ses formes architecturales a été remarquée au milieu de l'éclat des feux qui en jaillissaient.

Des feux non-moins nourris, non-moins magiques, précédèrent l'apparition du temple de l'Hymen.

4

La girande ou bouquet qui avait couronné chaque
scène fut effacée par la beauté de celle qui termina
ce feu, l'un des plus beaux et des plus considérables
qu'on ait encore vus. Cette girande, en retombant,
laissa voir le temple de l'Hymen illuminé en verres
de couleurs, illumination qui dura la plus grande
partie de la nuit.

Une musique tantôt vive et guerrière, tantôt douce
et harmonieuse, ajouta, par la beauté de son exécution, à l'effet de ces scènes pyrothecniques.

On doit à M. Molinos, architecte de la ville, le
dessin de toutes les décorations architecturales qui
ont servi à l'embellissement de cette fête.

Le feu terminé, LL. MM. rentrèrent dans les salles
de la préfecture, où l'on exécuta une cantate, dont
les paroles sont de M. Arnault et la musique de
M. Méhul. Le bal s'ouvrit immédiatement, et S. M.
l'Impératrice ne dédaigna pas d'y prendre part.

Nous ne parlerons pas des illuminations des principaux édifices de Paris, parce qu'elles furent les
mêmes que celles que nous avons décrites précédem-
ment.

FÊTE

DONNÉE A LEURS MAJESTÉS

IMPÉRIALES ET ROYALES

PAR LA GARDE IMPÉRIALE.

Il appartenait à un corps distingué entre tous ceux de nos armées, de célébrer l'auguste hymen de Napoléon et de Louise d'une manière qui parût encore extraordinaire, malgré tout ce qu'une pareille circonstance avait déja fait naître de surprenant.

Cette fête eut lieu le dimanche 24 juin.

M. le maréchal duc d'Istrie, qui en était l'ordonnateur général, y a déployé tout ce que le goût, l'esprit, l'urbanité française, ont de plus recherché et de plus aimable; et l'on peut dire que tous les officiers de la garde s'y sont distingués par cette politesse exquise, ces graces, décentes qui ne séduisent jamais plus que sous l'habit militaire.

Servandoni, grand architecte, que la France enleva à l'Italie, eut sous le dernier siècle la direction de beaucoup de fêtes semblables, où il fit constamment admirer la fécondité de son génie. Depuis lui jusqu'a nos jours, peu d'architectes se sont fait une réputation dans ce genre; mais M. Célerier, appelé pour la seconde fois à diriger les fêtes de l'école militaire, doit être placé à côté de cet homme justement célèbre.

Celle-ci a obtenu tous les suffrages : les personnes admises dans l'intérieur des salles de l'Ecole militaire; celles qui remplissaient le Champ-de-Mars, ont également applaudi au spectacle qui leur était offert.

Le Champ-de-Mars , par sa vaste étendue, est le seul emplacement à Paris qui convienne à certaines parties des fêtes publiques, telles que les courses, les feux d'artifice , les aérostats, les évolutions militaires, et beaucoup d'autres exercices qui exigent un grand espace et attirent toujours la foule.

LL. MM. étant arrivées à l'Ecole militaire sur les sept heures , et s'étant montrées sur le balcon qui leur avait été préparé , le signal des jeux fut donné, et les exercices d'équitation de MM. Franconi commencèrent à la vue de trois ou quatre cent mille spectateurs. Des courses de chevaux et de chars eurent lieu , au bruit des orchestres placés de distance en distance, et les vainqueurs furent couronnés et reçurent les prix qui leur étaient destinés.

A huit heures et demi, un aérostat, monté par madame Blanchard , a plané sur une partie de ce vaste amphithéâtre, et est venu se placer devant le balcon occupé par LL. MM. Une étoile fut d'abord lancée dans les airs , et le balon s'éleva rapidement et se perdit bientôt à la vue du public.

La nuit étant venue , S. M. l'Impératrice mit le feu à un dragon qui fit éclater la première partie de l'artifice préparé au milieu du Champ-de-Mars, et qui occupait toute la largeur de cet emplacement.

Deux femmes se sont élevées sur la corde , à travers les feux lancés de toutes parts , jusqu'au sommet des deux colonnes placées à égale distance entre le feu d'artifice et l'Ecole militaire.

La principale pièce du feu représentait un palais
(pl. 51) d'une noble architecture et de l'effet le plus
magique. On lisait l'inscription :

A NAPOLÉON, A MARIE-LOUISE.

Une girande considérable termina ce feu, que le corps
d'artillerie de la Garde avait composé et exécuté lui-
même.

Mais les réjouissances publiques ne se composent
pas seulement de ses sortes de spectacles. L'intem-
périe de notre climat, nos mœurs et nos usages nous
forcent à nous réunir dans des lieux clos et couverts,
pour y jouir des bals, des festins et des concerts. C'est
pour cette partie des fêtes qu'il manque encore à Paris
un local d'une étendue et d'une solidité convenables.

La garde impériale, pour y suppléer, a fait élever dans
l'enceinte de l'Ecole militaire, deux salles de réunion.

Aux deux côtés de la cour d'honneur de ce bel édifice, sont deux autres grandes cours, (*Voyez* le plan,
pl. 54) dans lesquelles M. Célérier, architecte, a fait
construire ces salles, l'une à gauche pour la danse,
l'autre à droite pour le banquet. Elles présentent chacune par son plan un parallélogramme de 15 toises de
largeur, sur 52 de longueur, et elles sont élevées
toutes deux de 45 pieds sous le plafond.

La salle de danse (pl. 52 et 53) était terminée à ses
extrémités par deux parties circulaires; dans l'une
était placé le trône de S. M., au-dessus duquel un dais
était suspendu. La partie du milieu de cette salle,
spécialement destinée à la danse, était entourée de sept
gradins, garnis de rangs de banquettes, où 3 à 4000
dames étaient assises. Une grande galerie régnait derrière, tout au pourtour; elle était occupée par les
hommes debout, et servait de dégagement.

Sur le devant de cette galerie, s'élevaient trente-six grands mâts ou faisceaux qui supportaient le plafond de la salle, auquel on avait donné la forme brisée d'une tente. Sur la partie horizontale et au milieu du plafond, étaient représentés les douze signes du zodiaque et autres ornemens allégoriques. Les quatre plans inclinés du plafond étaient divisés par compartimens, dont six formaient six grands tableaux representans : le Mariage de Napoléon et de Marie-Louise ; le Triomphe de l'Empereur Napoléon ; le Triomphe de Trajan, le Triomphe d'Auguste, le Triomphe de César, et l'Entrée d'Alexandre dans Babylone. *Voyez* pl. 45 à 50 (1).

Ces tableaux, d'une composition ingénieuse et qui n'avaient d'autres défauts que ceux que doit faire excuser l'extrême célérité apportée à leur exécution, sont l'ouvrage de M. Boquet, peintre-décorateur de l'Opéra, avantageusement connu par les palais aériens qui ont enrichi plusieurs pièces de ce spectacle.

Au-dessous du plafond régnait, tout au pourtour de la salle, une haute frise enrichi de tête d'aigles, d'ornemens et de rosaces, et des lettres initiales de Napoléon et de Louise. Cette frise était terminée par une large pente, découpée en festons, ornés de broderies, de cordons et de glands d'or.

Les trente-six mâts, ou supports du plafond, étaient entourés par des branches de myrte et de laurier ; ils portaient chacun un écusson aux armes des deux em-

(1) Sur les planches 48 et 49, le graveur de lettre a fait une transposition dont on ne s'est aperçu qu'après le tirage des premiers exemplaires. Il faut à la pl. 48 : *Triomphe de Jules César*, et à la pl. 49 : *Triomphe d'Auguste.*

pires, et étaient terminés à leur extrémité supérieure par un casque en acier poli, surmonté d'un panache blanc. Tous les intervalles étaient remplis dans le haut par de grandes draperies de mousseline blanche, parsemées d'abeilles d'or.

Le mélange le mieux assorti des couleurs donnait a cet ensemble, parfaitement bien composé, et dessiné avec beaucoup d'art, sans bigarure et sans confusion ; un éclat et une richesse étonnante, les broderies et les ornemens étaient en or sur un fond blanc, les écussons armoriés étaient en bronze ; les draperies de mousseline blanche se détachaient sur un fond bleu qui tapissait les galeries de derrière. Ce fond faisait ressortir avec beaucoup d'avantage la blancheur et la brillante parure des femmes.

Plus de deux cents lustres de crystal de la plus belle forme, suspendus par des guirlandes de fleurs artificielles, et chargés chacun de cinquante bougies, faisaient paraître dans tout leur éclat les décorations, et les diamans dont les femmes étaient couvertes ; des glaces, artistement disposées, réfléchissaient cet éclat et en augmentaient encore l'effet.

Enfin jusqu'au parfum des fleurs répandues avec profusion, tout faisait de ce lieu un palais enchanté, où les sens étaient agréablement flattés, et l'admiration sans cesse éveillée par des objets nouveaux.

La salle du banquet (Pl. 43 et 44) avait les mêmes dimensions, et une galerie au pourtour sur les quatre faces comme celle de la danse. Elle représentait un vaste berceau de treillage soutenu par des pilastres d'une proportion corinthienne. Les intervalles en étaient remplis dans le haut par des draperies de couleur nankin ; au-dessous, par des treillages fond vert ; et le fond des gale-

ries était lilas. La corniche, la frise, le berceau au-
dessus, et les draperies étaient divisés par compartimens, dont les panneaux étaient enrichis de broderies
en or, de guirlandes, de médaillons, de chiffres, de
vases de fleurs, et de beaucoup d'autres ornemens,
attributs de Cérès, de Bacchus et de Pomone.

Le tout offrait un ensemble plein d'harmonie, et
d'un effet différent de celui que présentait la salle de
danse, mais non moins enchanteur.

Ici, à l'éclat des lustres supendus dans l'intérieur de
la salle et dans tous les espaces des pilastres, se
mêlait celui des fleurs naturelles et artificielles, disposées avec plus d'art encore que dans la salle du bal.

Cette salle contenait à-la-fois quinze cents personnes à des tables de chacune douze à quinze couverts, qui toutes étaient servies avec autant d'ordre
et d'abondance que de recherche et de délicatesse.

Mais pour lier ces deux salles l'une à l'autre
par une suite non interrompue de jouissances inat-
tendues, l'architecte, plein de goût et de génie, avait
décoré la cour intermédiaire et les galeries qui l'environnent d'une grande quantité d'orangers, d'ar-
bustes et de fleurs, qui donnaient à l'illumination un jeu
aussi piquant que varié. C'est dans cette cour, couverte
d'un riche tapis, que les dames venaient se reposer
des fatigues de la danse, prendre des rafraîchissemens,
et respirer l'air pur du soir le plus serein.

LL. MM. ne se retirèrent qu'à minuit, après avoir
daigné donner des marques de la satisfaction que cette
fête leur avait fait éprouver.

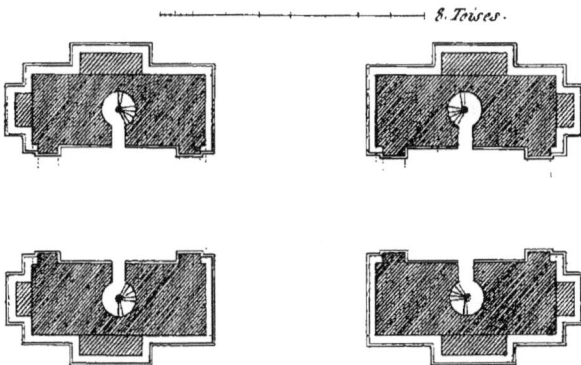

Pl. 1.

A NAPOLEON ET A MARIE LOUISE
LA VILLE DE PARIS

Nᶠ   N.   Nᶠ

8. Toises.

8. Toises.

Plan et élévation de l'Arc de triomphe de l'Etoile.

la Législation. $N^o 1$.

Industrie Nationale. $N^o 2$.

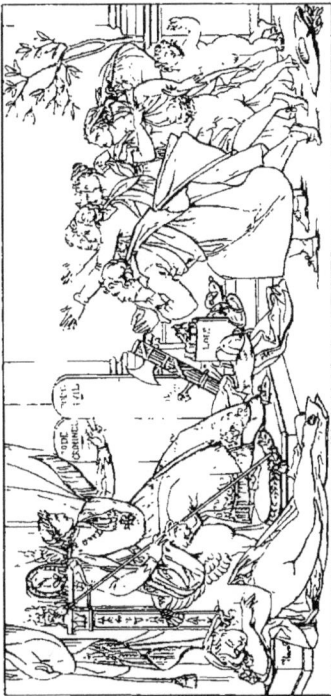

$N^o 3$.

Embelissements de Paris.

$N^o 4$.

Clémence de l'Empereur.

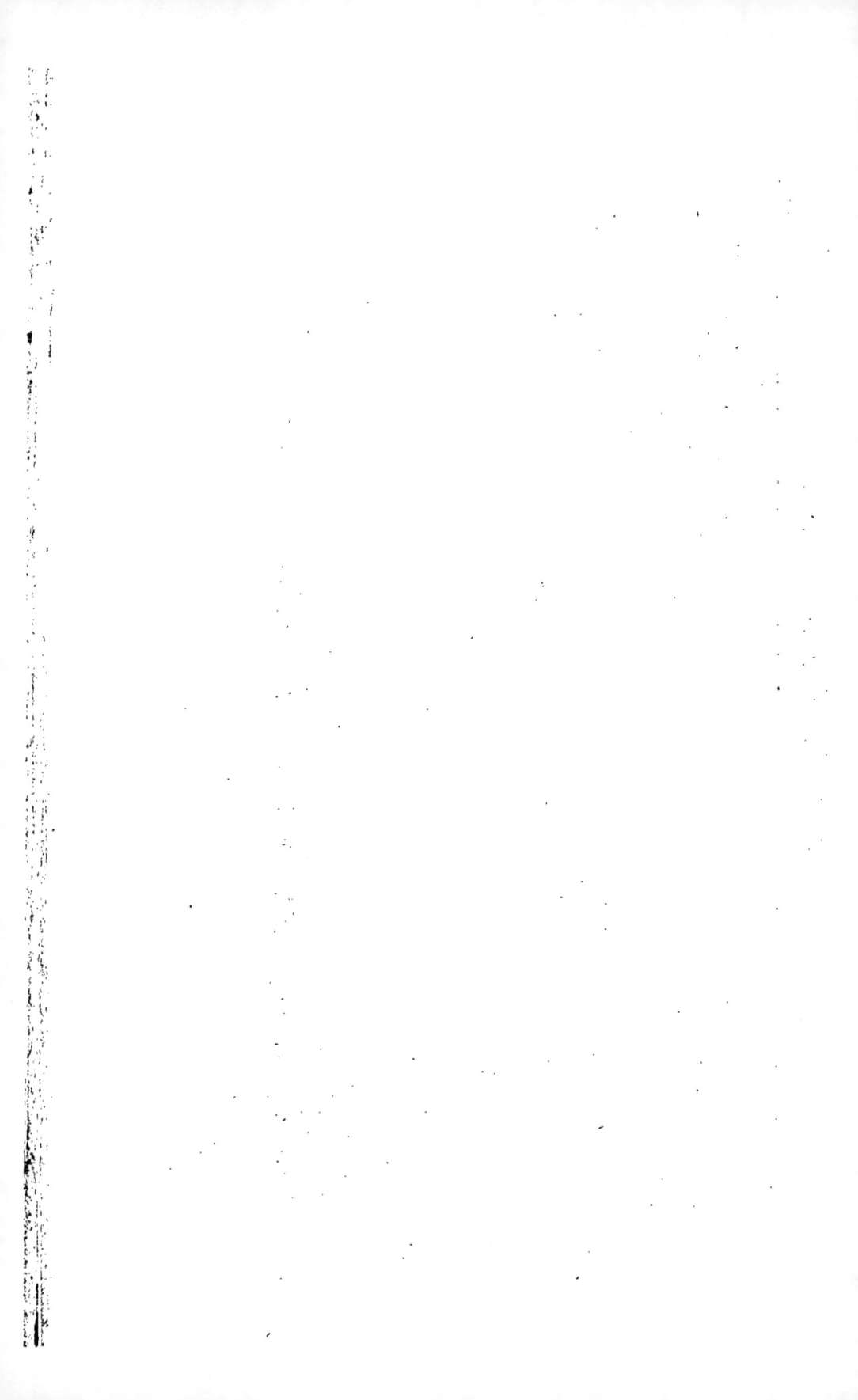

PL.3

N.º 1.

Arrivée de L'Archiduchesse à Paris.

N.º 2.

Alliance de leur Majestés.

Normand, filii sculp.

la P.tte inv.

N.° 1

Prosperité de l'Empire.

N.° 2

Prosperité de l'Empire.

Prosperité de l'Empire.

1.er Arc de Triomphe des Thuilleries.

Pl. 5.

Percier et Fontaine inv.

C. Normand sculp.

7 Pieds.

Percier et Fontaine inv.

C. Normand sculp.

Vue de la Chapelle.

Fronton du Corps législatif.

Fragonard inv.

Turrain inv.

Bas relief de la Chapelle.

Normand Fils sculp.

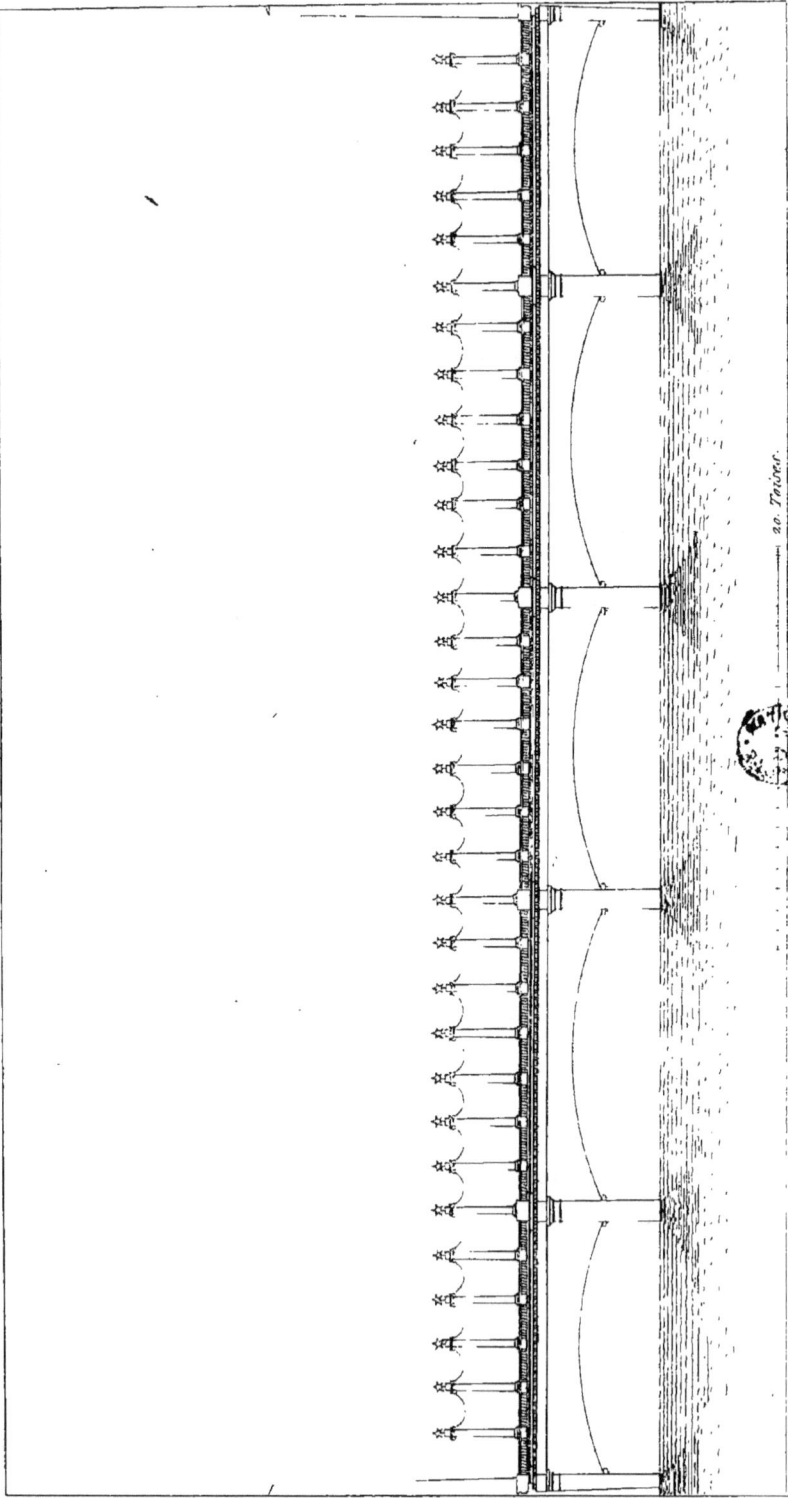

Pl. 9.

20. Toises.

Pont de Westminster.

C. Hermann inv. et sculp.

NAPOLEON A MARIE LOUISE LE CORPS LEGISLATIF

Vue perspective du Corps legislatif.

C. Normand sculp.

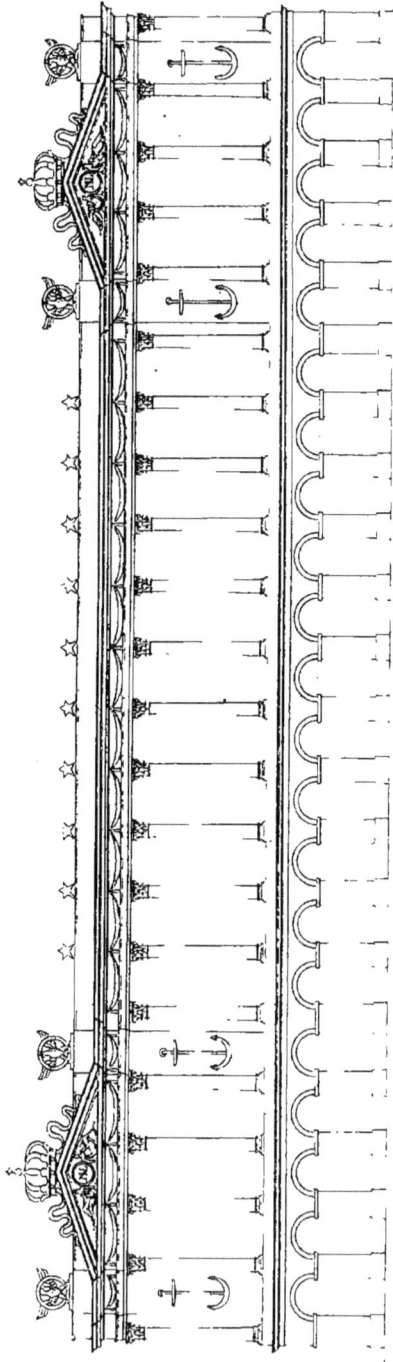

Blondau inv.   —⊢⊢⊢⊢ 20 Toises   *C. Normant sculp*

Ministère de la Marine.

Pl. 13.

1   2   3   4   5.....6 *Toises.*

Chalgrin inv.

C. Normand sculp.

Palais du Sénat

CONSTITUSION DE L'EMPIRE

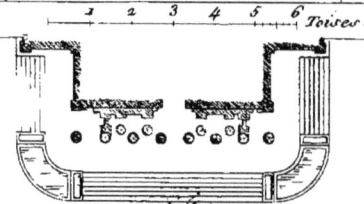

PALAIS DE L'INSTITUT DE FRANCE·

1 2 3 4 5 6 Toises.

Vaudoyer inv.   C. Normand sculp.

Palais de l'Institut de France.

Porte de l'Hôtel des Invalides.

Pl. 27.

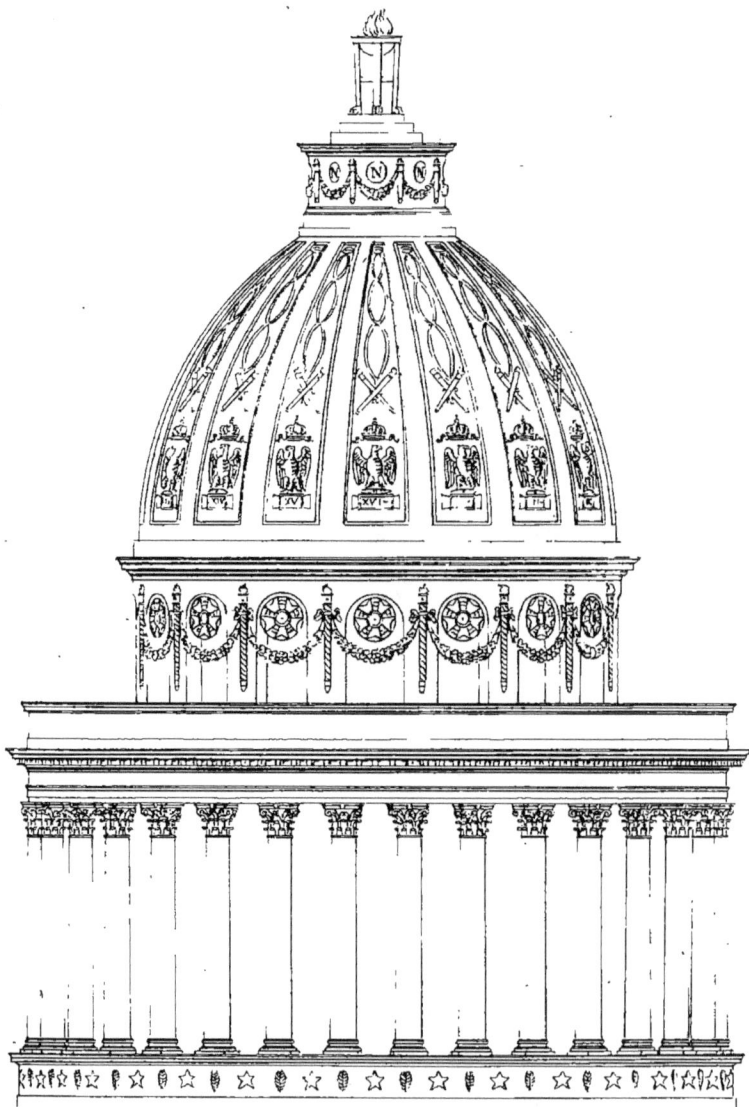

1 2 3 4 *Toises.*

Rondelet *inv.*

C. *Normand sculp.*

Dôme du Panthéon.

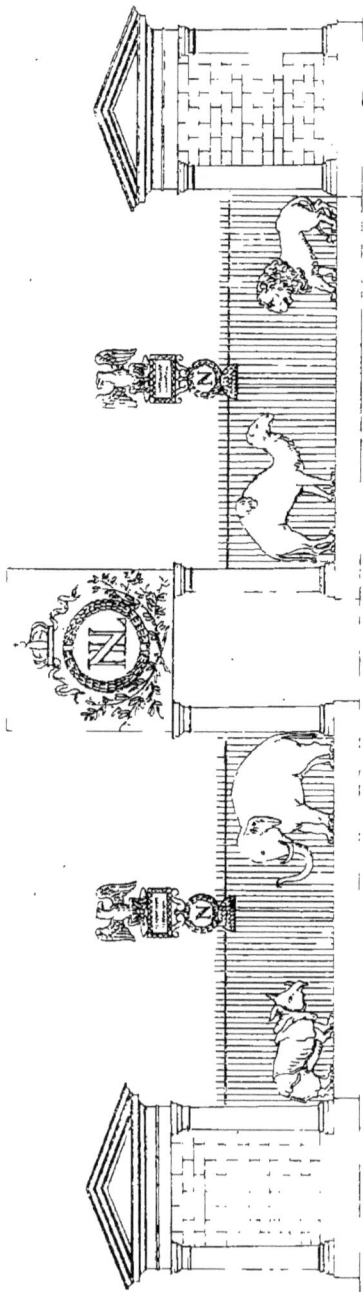

Pl. 18.

Muséum d'Histoire Naturelle.

Molinos Architecte.

C. Normand sculp.

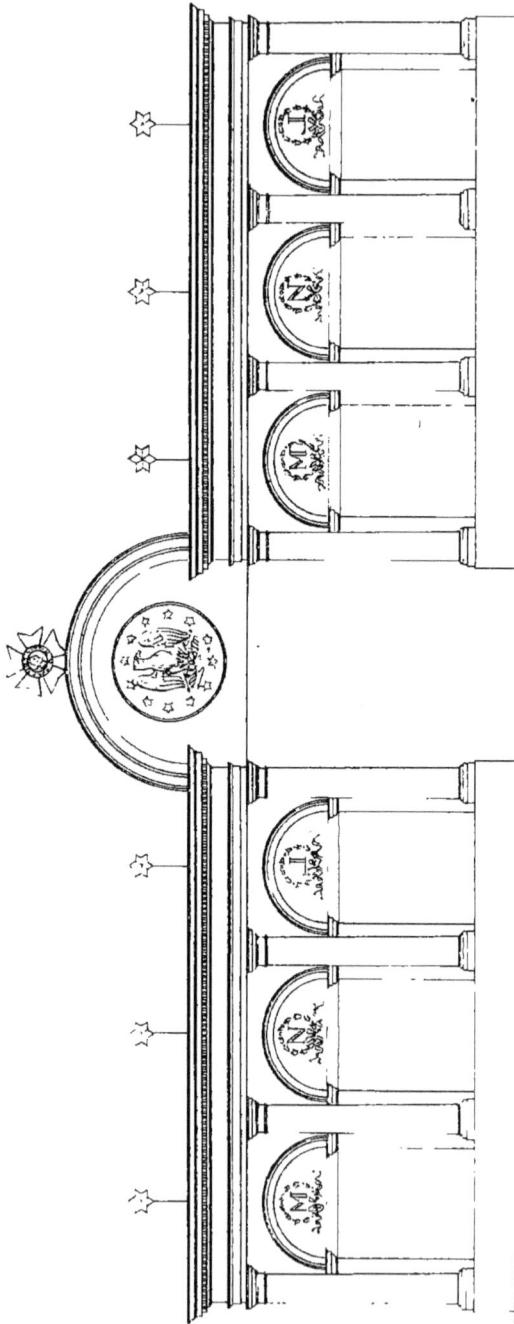

École des Mines, Rue de l'Université.

Pierron. del.   C. Normand sculp.

Pl. 20

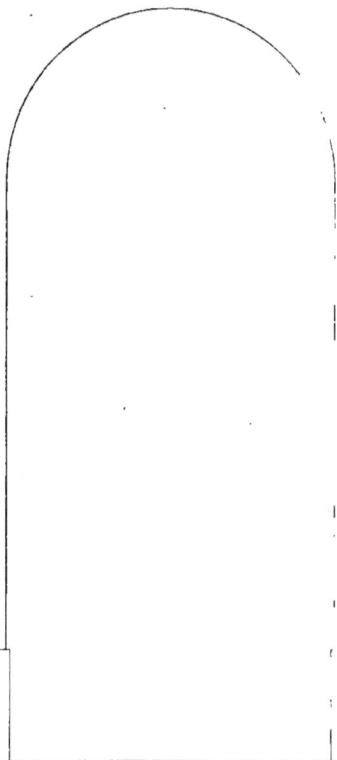

1   2   3   4 Toises.

Pl. 21.

Ministère de la Justice.
(3) Place Vendôme.

Bernard Direx.

C. Normand sculp.

6   12. Pieds.

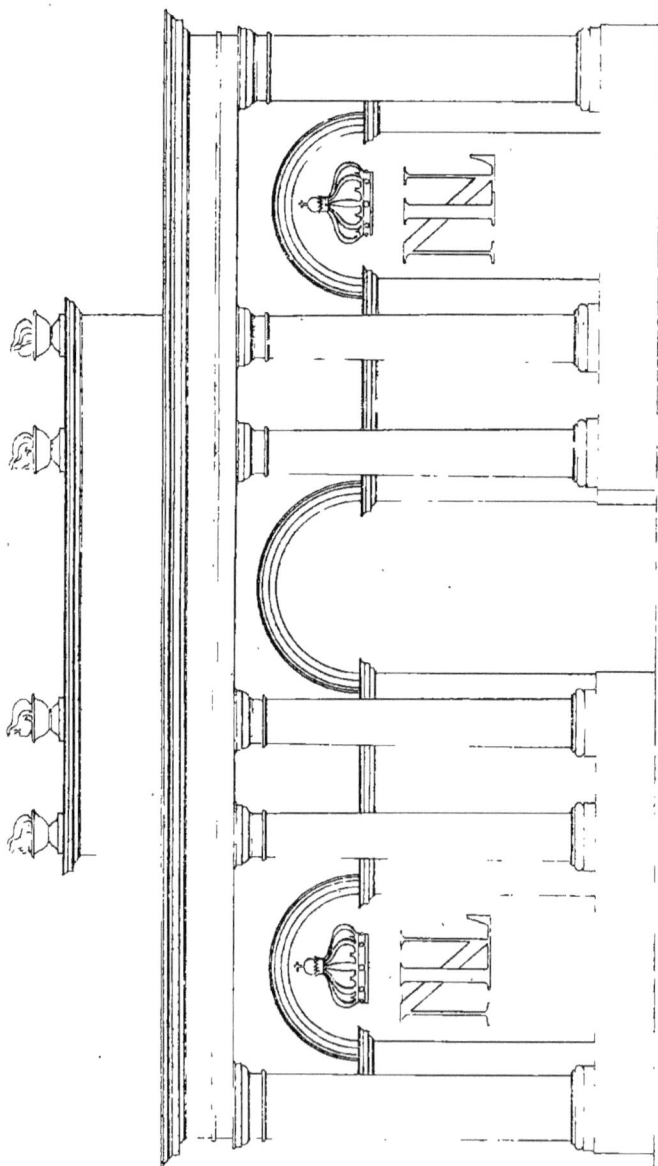

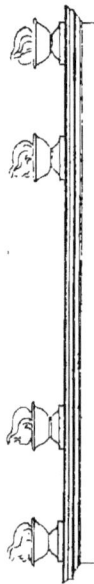

Bernard inv.

C. Normand sculp.

Ministère des relations extérieures.
sur la Rue du Bacq.

Pl. 24.

N.º 1.

6 . . . 12. *Pieds*

N.º 2.

Bonard inv.   C. Normand sculp

2.ᶜ Cour des Relations extérieures.

Pl. 22.

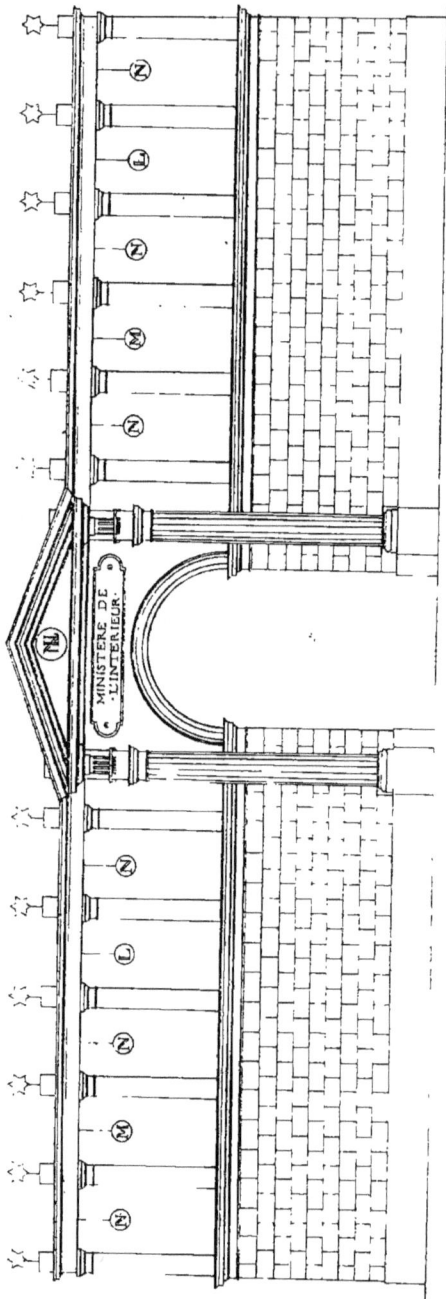

MINISTERE DE L'INTERIEUR.

Façade du Ministère de l'Intérieur.

Poyet inv.

L.º Normand sculp.

6. Toises.

Pl. 26.

Bernard inv.

C. Normand sculp.

Ministère des Finances.

N.º 2.

6   12 Pieds.

N.º 1.

6   12 Pieds.

Benard inv.   C. Normand sculp.

Hotel du Ministre du Trésor Public.

Pl. 28

Nº 2.

la Sous-intendance , Rue de l'Université.

6 ———— *12 Pieds*

6 ····· *12 Pieds.*

Bartholomé inv

C. Normand sculp

Hotel du Ministre de la Guerre,
Rue de Lille.

Lanoix inv.

6. Pieds

N.° 2.

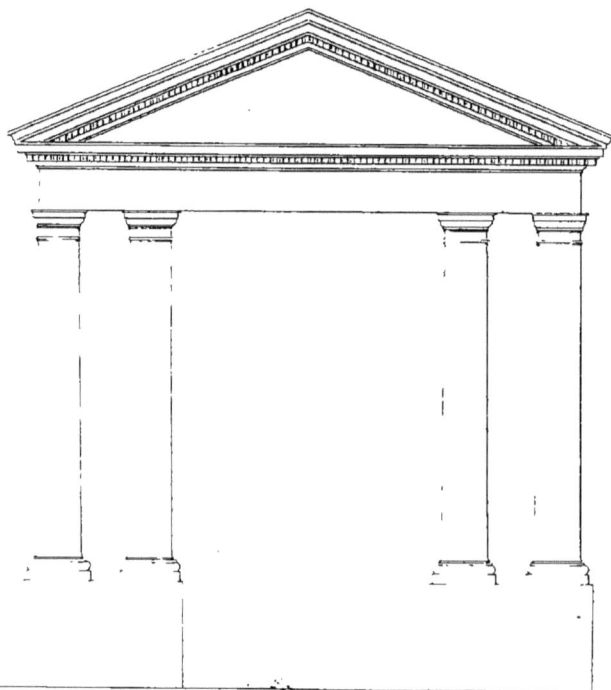

12 Pieds.

Porte de l'Elisée Napoléon.

Nº 2.

40. Pieds.

2   3   4. Toises.

Gisors j.º inv.

C. Normand sculp.

Administration de la Guerre.

ANAPOLEONAMARIELOUISE

Lenoir inv.

6. Pieds.

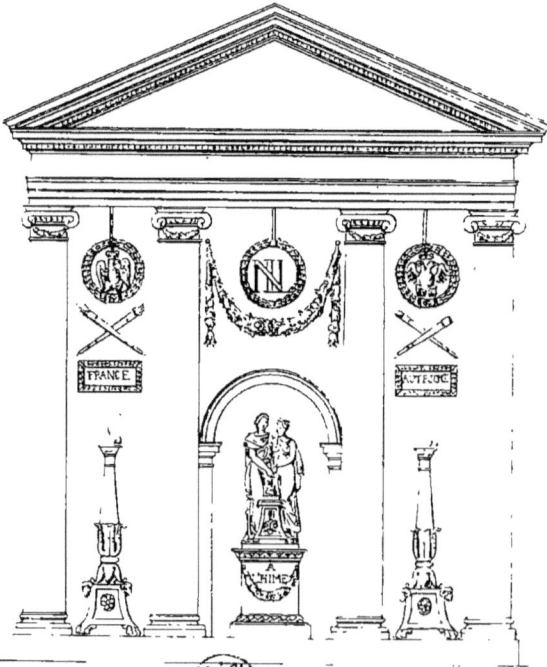

Rondelet inv.

12. Pieds.

C. Normand sculp.

École de Droit.

—⊢—⊢—⊢—⊣ *6.Pieds.*

le Trésor public.

Célérier inv.

———— 12. Pieds

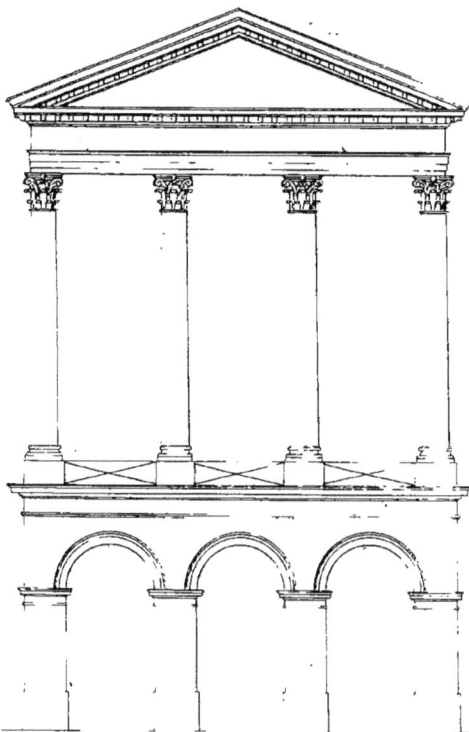

Damesme inv.

———— 12. Pieds

C. Normand sculp.

un Hotel Place Vendôme.

Lanoix inv.

|———————|————|————| 22. Pieds

Fontaine inv.

C. Normand sculp.

l'Intendance.

6. Pieds.

ECOLE
IMPERIALE
POLITHECNIQUE

6. Pieds.

Cisors j.e inv.

C. Normand sculp.

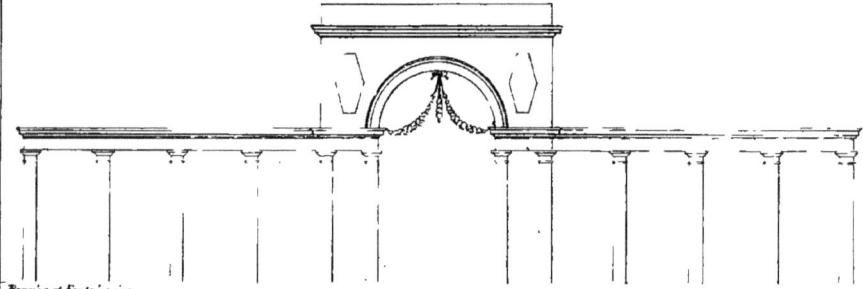

Percier et Fontaine inv.

6 Pieds.

N.º 2.

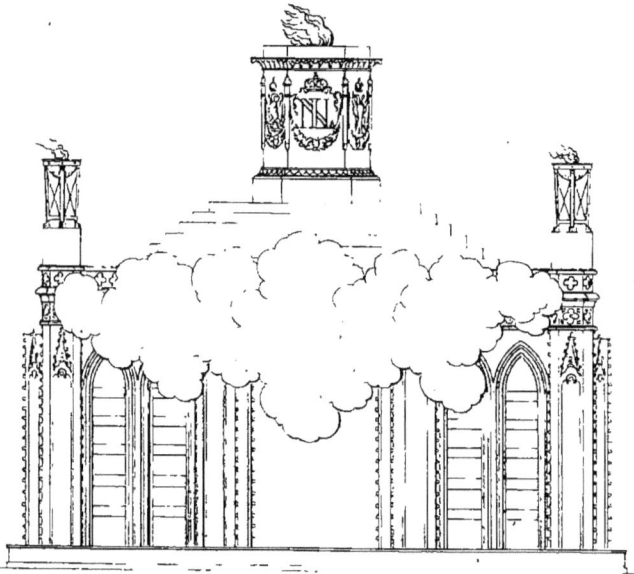

Brongniart inv.

C. Normand sculp.

Tours Notre Dame.

12 Toises.

Pl. 3*7*.

la Samaritaine.

C. *Normand sculp*

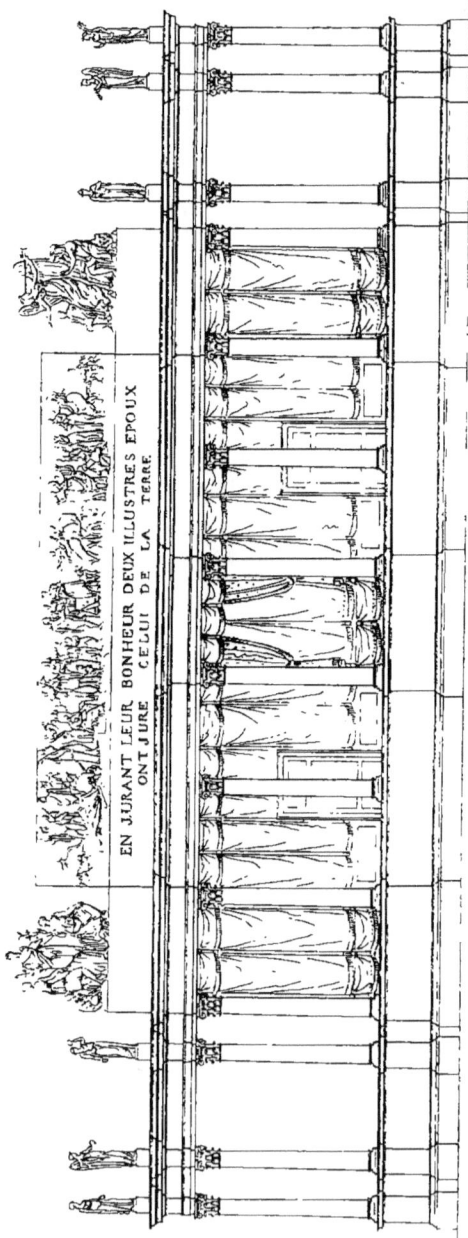

Pl. 38.

EN JURANT LEUR BONHEUR DEUX ILLUSTRES EPOUX
ONT JURE CELUI DE LA TERRE.

Décoration de la Place de l'Hotel de Ville.

C. Bernarell sculp

Moleque inv

Pl. 30

les Arts.   l'Etude.   la Musique.   l'Honneur.   l'Industrie.

Figures allégoriques placées sur les colonnes de la Décoration élevée sur la Place de l'Hotel de Ville.

Pl. 40.

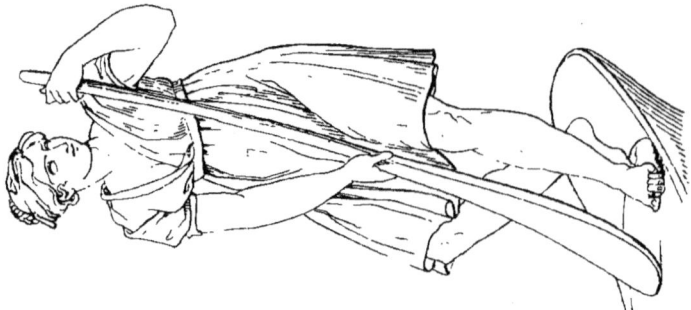

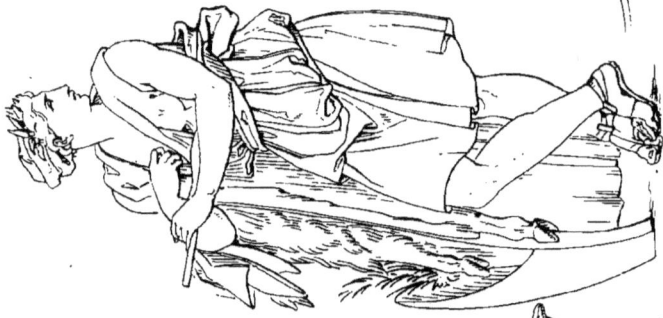

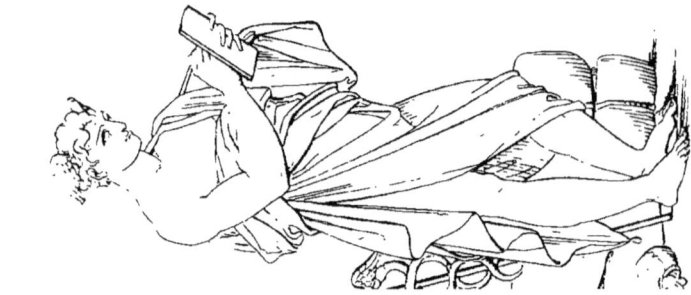

le Commerce.   la Victoire.   Science   l'Agriculture   la Navigation.

Figures allégoriques placées sur les Colonnes de la Décoration élevée sur la Place de l'Hôtel de Ville.

Pl. 41.

Prudhon inv.

Normand fils sculp.

Transparants de la Décoration de la Place de l'Hôtel de Ville.

Pl. 42.

Décoration du feu d'artifice de la ville.

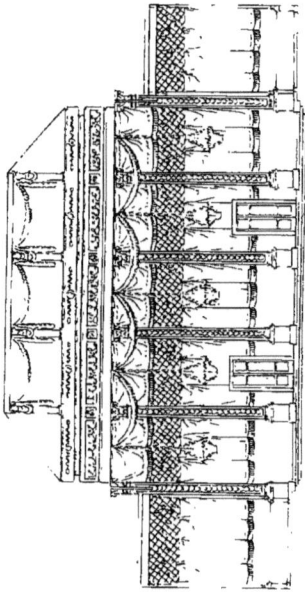

Coupe transversale.

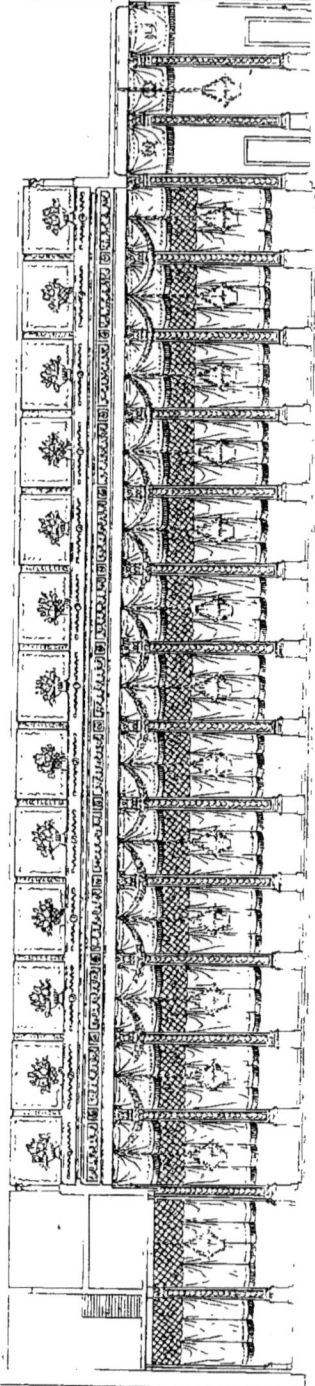

Célérier inv.

C. Normand sculp.

...... 6. Toises.

Coupe longitudinale de la Salle du Festin, donné à L.L. M.M. II. et R.R. par l'Ecole Militaire.

Pl. 44.

Détail de la Salle du Festin.

Célerier inv. C. Normand sculp.

5 Pieds

Pl. 4

Normand, fils sc.

Mariage de Napoléon et de Marie Louise.

Triomphe de Napoléon.

Pl. 47.

Triomphe d'Alexandre.

Pl. 48.

Triomphe d'Auguste.

F.me Reyre scrip.

Bouquet 1812.

Pl. 40.

Triomphe de Jules César.

Pl. 50.

Triomphe de Trajan.

A NAPOLEON A MARIE LOUISE.

Vue de la Décoration du feu d'artifice de l'École Militaire.

C. Normand sculp.

Olivier del.

79 °l.

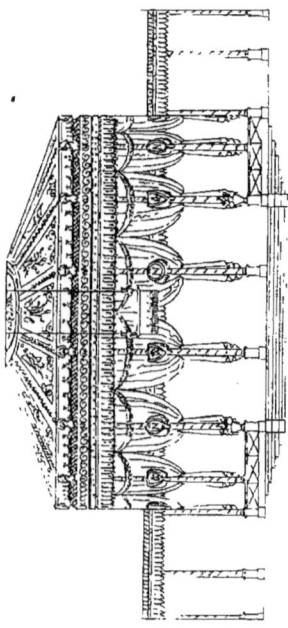

Coupe transversale.

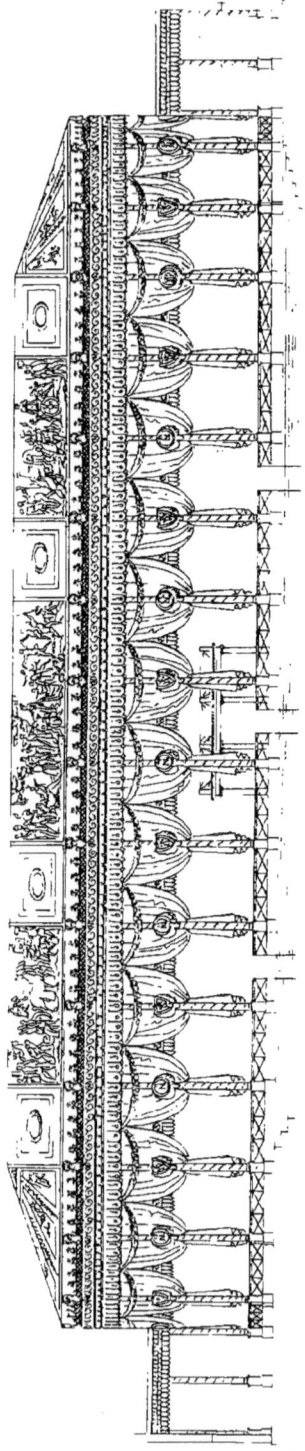

Coupe longitudinale de la Salle de Danse de l'Ecole Militaire.

...... 6 Toises.

Cléricr inv.

E. Normand sculp.

Pl. 63.

Détail de la Salle de Danse.

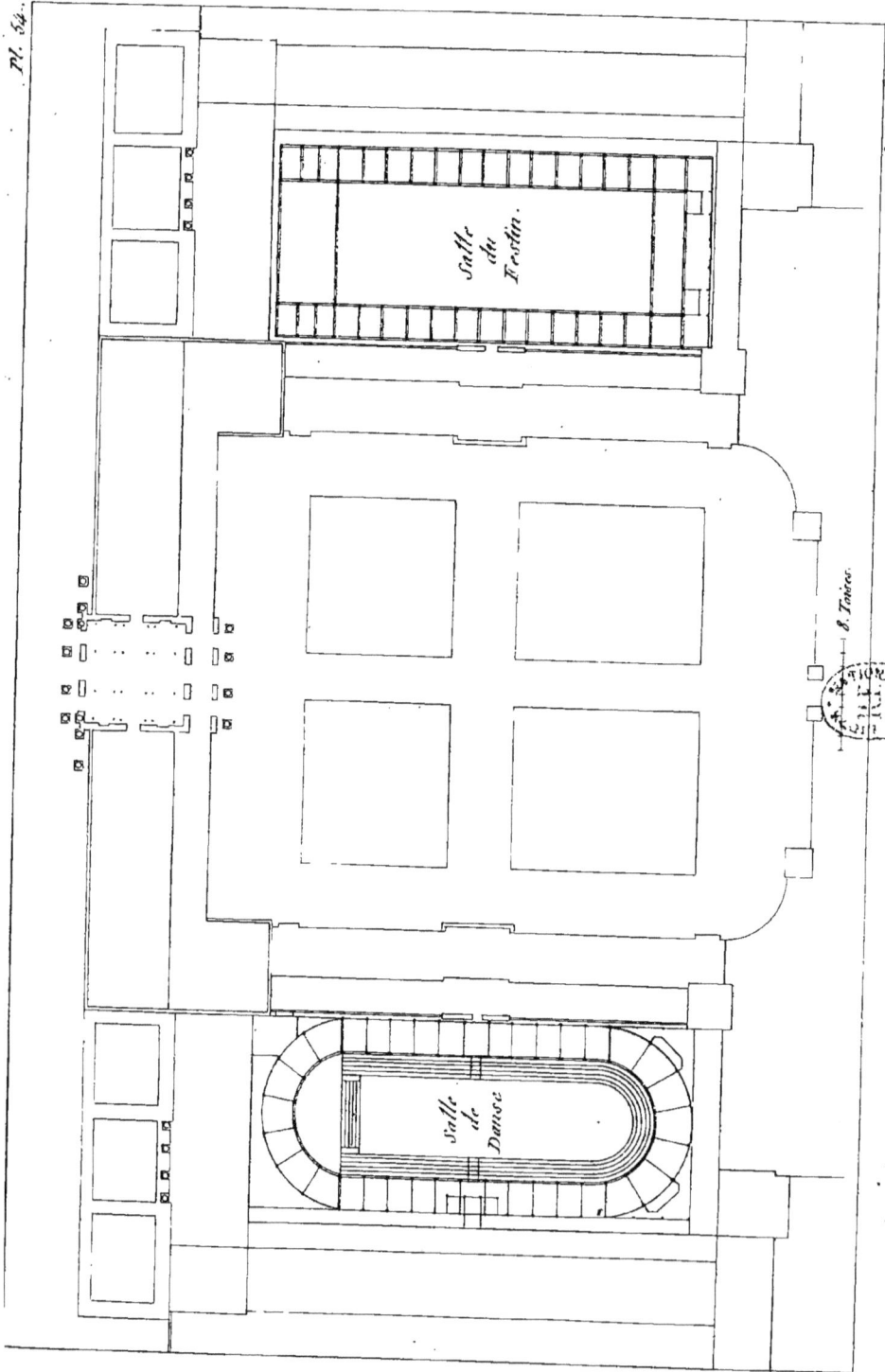

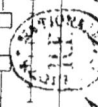

Pl. 54.

Salle du Festin.

Salle de Danse.

C. Normand sculp.

B. Tavier.

Plan de l'Ecole Militaire, et des deux Salles éphémères pour la Fête donnée a LL. MM. II. et R.R.

www.ingramcontent.com/pod-product-compliance
Lightning Source LLC
Chambersburg PA
CBHW052053090426
42739CB00010B/2162